Donald **Kulesza-Betzen**

DER
NACHDENKLICHE
KORMORAN

Gedichte

Bibliografische Information der
Deutschen Nationalbibliothek:

Die Deutsche Nationalbibliothek
verzeichnet diese Publikation in der
Deutschen Nationalbibliografie;
detaillierte bibliografische Daten sind im
Internet über **dnb.dnb.de** abrufbar.

© 2024   Donald Kulesza-Betzen
1. Auflage
Layout, Coverdesign:
                   Kornelia Betzen
Verlag:
BoD · Books on Demand GmbH,
In de Tarpen 42, 22848 Norderstedt
Druck:
Libri Plureos GmbH, Friedensallee 273,
22763 Hamburg

ISBN: 978-3-7693-0129-8

Inhalt

Das Vorbild des Kormoran

Der hungrige, schwarze Kormoran

Hat es mir immer angetan.

Er ist ein Meister der Wasserjagd.

Ihn zu beobachten, ist eine Pracht.

Kaum entkommt ihm ein Fisch.

So ist für ihn immer gedeckt der Tisch.

An unerwarteter Stelle taucht er auf.

Im Jagderfolg scheint er gut drauf.

Übermütig schlägt er mit seinen
eindrucksvollen Schwingen.

Kein anderer Vogel kann ihn mit seinen
Wasserkünsten bezwingen.

Jetzt landet er dreist vor mir auf dem
glitschigen Steg.

Und trocknet seine nassen Flügel
gelassen auf dem Weg.

Ich staune, wie er majestätisch regiert
sein Jagdrevier,

König der Lüfte und des Wassers, ein
eindrucksvolles Tier.

Wir Menschen sollten ihn bewundern
und nicht beneiden,

Sondern uns anstrengen und uns
demütig bescheiden.

Philosophie / Psychologie

Lob der Vergänglichkeit

Irgendwann ist alles vorbei.

Dann ist auch alles einerlei.

Alles stürzt in die Vergessenheit.

Alles Glück und alles Leid.

Nichts bleibt von uns zurück.

Vielleicht ist das das schönste Glück.

Alles ist nur eine Frage der Zeit.

Bist du zu dieser Erkenntnis bereit?

Doch manche wollen ewig leben,

Durch himmlische Gefilde schweben.

Besessen von dieser naiven Idee

Wollen sie besiegen Kummer und Weh.

Sie leugnen die Vergänglichkeit

Und träumen für sich von Ewigkeit.

Vielleicht lässt ihr Sehnen und Trachten

Sie einst in großer Pein verschmachten.

Wanderer ins Nichts

Der Gedanke an den Tod

Stürzt uns in seelische Not.

Denn zum kümmerlichen Schluss

Bleibt nur ätzender Verdruss.

Bestimmt für die Made oder das Feuer.

Beides ist uns nicht geheuer.

Doch in diese schicksalhafte Falle

Tappen zum Schluss ausnahmslos alle.

Kurz ist leider unser hartes Leben.

Ziemlich eitel, wonach wir streben.

Doch wir geben häufig keine Ruh.

Unser Ehrgeiz verletzt leider jedes Tabu.

Es gibt kein ewiges irdisches Leben.

Töricht wäre es, danach zu streben.

NEHMT EUCH ZEIT UND SEHT.

ALLES WIRD VOM WINDE VERWEHT.

Nihil

Menschen kommen und gehen.

Über Gräber kalte Winde wehen.

Ist die kostbare Zeit abgelaufen,

Wirft sie alles über den Haufen.

Gar nichts bleibt zum Schluss zurück.

Vielleicht Erinnerungen an Pech und
Glück.

Doch auch sie irgendwann vergehen.

Können vorm Zahn der Zeit nicht
bestehen.

Alle erleiden diese Qual.

Niemandem ist sie egal.

Doch wir können uns nicht wehren.

Gejammer und Tränen uns nur
entehren.

Schicksalsmacht selbst Götter
dominiert.

Wer rebelliert, auf jeden Fall immer
verliert.

Darum erkenne den ewigen Lauf der
Welt.

Vergöttere nicht Erfolg, Gut und Geld!

Balanceakt

Beinahe fünfundsiebzig Jahr hast du
nun gelebt.

Immer brav nach sichtbarem Erfolg
gestrebt.

Wie fühlst du dich nach all dem Trubel
jetzt?

Endlich frei oder wie ein wildes Tier
gehetzt?

Kannst du dich heute mit deiner Bilanz
identifizieren

Oder wollen Herz und Seele zu festem
Eis gefrieren?

Ernüchtert bist du längst und ziemlich
bescheiden.

Niemanden würdest du um sein Glück
beneiden.

Die Frage nach dem sinnerfüllten Leben

Lässt selbst viele Philosophen erbeben.

Auch sie kennen letztlich keine ehrliche
Antwort.

Wie Wildwasser reißen sie ihre
Spekulationen fort.

Schnell spüren wir die uns gesetzten
Schranken.

Liebgewonnene Überzeugungen geraten
ins Wanken.

Stehen wir am Ende nur vor einem
Scherbenhaufen?

Woran in Teufels Namen sollen wir noch
glauben?

Die Altersfalle überwinden

Ein neuer Tag mit zartem Licht beginnt.

Unaufhaltsam die wertvolle Zeit
verrinnt.

Die Sonne taucht langsam hinter
Wolken auf.

Das Leben nimmt einen kraftvollen
Anlauf.

Ich bin mit allen Sinnen dabei.

Heute fühle ich mich innerlich frei.

Begrüße freudig den frischen Tag,

Was immer er auch bringen mag.

Nicht immer ist meine Laune gut.

Mit Krankem fehlt es oft an Mut.

Manchmal packt mich gar die Wut.

Dann hasse ich mein schon altes Blut.

Ich träume mich in meine Jugend
zurück.

Trauere über vermeintlich verlorenes
Glück.

Doch irgendwann sehe ich schmerzlich
ein,

Dass ich in die Altersfalle wieder
stolpere hinein.

Altersweisheit

Hast du wirklich drückende Sorgen,

Verschiebe sie immer auf Morgen.

Lösungen kommen von allein über
Nacht.

Hättest du doch nur die Augen
zugemacht!

Warum solltest du dich sehr bemühen?

Für wen willst du Machismo
versprühen?

Du musst dir überhaupt gar nichts
beweisen.

Lass dich lieber nicht frühzeitig
verschleißen!

Wenn du lange leben willst auf Erden,

Musst du starke Belastungen abwehren.

Sie verschlingen dich sonst mit Haut
und Haaren.

Doch das merkst du leider erst nach
Jahren.

Schwäche verhindert das späte Lebensglück.

Nichts holst du im Alter wieder ganz zurück.

Gratuliere! Jetzt bist du doch endlich frei.

Merke! In wenigen Jahren ist schon alles vorbei.

Mobilität im Alter

Der Traum von unbegrenzter Mobilität

Im Alter dich bisweilen sehr quält.

Zeiten gab's, du sprangst über Stock
und Stein.

Heute fällt dir alles schwer. Ist das nicht
gemein?

Was bleibt dir? Was kannst du noch
tun?

Du willst nicht immer auf der Couch
ruhen.

Kannst du es heute wagen,
hinauszugehen?

Oder wirst du lustlos an der nahen Ecke
stehen?

Du musst dich unbedingt überwinden.

Dann wird sich eins zu eins finden.

Wer könnte bezweifeln, dass Mobilität

Untrennbar gehört zur Lebensqualität.

Gar mancher fürchtet diesen Verlust.

Daran zu denken, erhöht den Frust

Und raubt vielen gewiss die Lebenslust.

Genieße den Rest deiner Mobilität
bewusst.

Jung und alt -
Eine sarkastische Betrachtung

Im Alter baut jeder kaskadenartig ab.

Selten sinkt man im Vollbesitz der Kräfte
ins Grab hinab.

All dies muss man leider schmerzhaft
erfahren

Und dabei versuchen, seine
Menschenwürde zu wahren.

Das eigene Schicksal ist anderen auf
jeden Fall egal.

Viele können sich kaum vorstellen die
altersbedingte Qual.

Sie drängen den Alten in die Ecke

Und verfolgen egoistisch eigene Zwecke.

Auch dies sollte dem einsichtigen Alten
sein einerlei.

Auch für den jungen Egomanen kommt
der Zeitpunkt herbei.

Dann wird er manchen Alterskummer
verspüren,

Sich nicht weiter über die
Gebrechlichkeit des Alten amüsieren.

Oft mangelt es dem jungen Heißsporn
an Fantasie.

Denn erst das Leben zwingt ihn langsam
in die Knie.

Am Ende seines Weges wird er dann
ganz stumm

Und fragt sich verschämt: Warum war
ich nur so dumm?

Reise in die Kindheit

Der Alte versenkt sich in die Kindheit.

Meist verherrlicht er diese Zeit.

Die innere, romantische Flucht

Wird zur ausgeprägten Sucht.

Sie erfasst seinen Geist mit Wucht.

Er genießt die paradiesische Frucht.

Süßer die Glocken für ihn nicht klingen.

Seine müde Seele beginnt zu singen.

Verklärte Lieder über den
Kindheitstraum

Öffnen die Türen zum seelischen Raum.

In der Fantasie erlebt er alles wie neu.

Dies bedeutet ihm viel. Er bleibt ihr
treu.

Die Kindheit leuchtet hell in bunten
Farben.

Hinterließen denn Niederlagen keine
Narben?

Die abendliche Reise wird zum
süchtigen Genuss.

Verboten sind Gedanken an Ärger und
Verdruss.

Wahrhaftigkeit

Im Alter verliert man Stück für Stück.

Nichts bringt das Liebesglück zurück.

Es wachsen Frust und auch das Leid.

Doch wer will schon abtreten zur
Unzeit?

Immer noch hofft man auf Genuss.

Wann ist damit definitiv Schluss?

Gnade, dass niemand kennt sein Ende!

Doch alle spüren die markante Wende.

Viele aber wollen nichts davon wissen.

Ist Selbstbetrug ein sanftes Ruhekissen?

Sie geben sich ganz jung und ach so
stark.

Selbst wenn sie verrotten bis aufs Mark.

Doch diese Menschen gefallen mir nicht.

Mich erschreckt ihr unehrlich runzliges
Gesicht.

Irgendwann werden sie sich zu ihrem
Alter bekennen

Oder hart gegen eine granitene Wand
rennen.

Lust und Frust

Irgendwann ist Schluss.

Alles endet im Verdruss.

Leben kann man, wie man will.

Kritik schweigt niemals still.

Besser, nur immer sich selbst zu sehen,

Als um die Zuneigung anderer zu flehen.

Sie sollen dich tunlichst in Ruhe lassen

Und sich an die eigene Nase fassen.

Eine große Rolle spielt häufig der Neid.

Ja, er verursacht Zwist und heftiges
Leid.

Wenn man das Menschenherz
durchschaut,

Nicht mehr auf falsche Freunde naiv
baut.

Genießt man nicht erst voll die
Lebenslust,

Wenn man schon einmal erfuhr bösen
Frust?

Die Janusköpfigkeit kennzeichnet unser
Leben.

Des Menschen Schicksal ist
unabänderlich vorgegeben.

Motorradfieber

Es dröhnt der wilde, geile Motor

In deinem runzligen, müden Ohr.

Noch ein letztes Mal willst du es wissen.

Du hast genug vom feigen Ruhekissen.

Wie ein Sturmwind schießt du im tollen
Gebraus

Auf das bitumige Asphaltband der
Autobahn hinaus.

Weder dich selbst noch die Maschine
willst du schonen.

Setze völlig frei alle dröhnenden,
blutgierigen Dämonen,

Die in deinem dunklen Seelenknast
genüsslich wohnen.

Der Erzteufel, maßlose Geschwindigkeit,

Macht sich verlockend in deinem Hirn
breit.

Heute soll es kosten, was immer es
wolle.

Du bist schon geschlüpft in die riskante
Rolle.

Den ganzen Kick willst du auf jeden Fall
erleben.

Sollen doch die morschen Knochen und
das Herz beben!

Selbst wenn der Schädel an der
Leitplanke zersplittert,

Selbst wenn der Verstand vor dem
großen Übel zittert.

Mut

Du brauchst viel Mut.

Quillt sie aus der Wut?

Kneifen ist keine Option.

Längst weißt du es schon

Du willst jetzt darauf bauen,

Der Realität ins Auge zu schauen.

Wenn sie dich aber zerstört,

Bist du dann ganz verstört?

Noch immer liebst du dein Leben.

Verlustängste lassen es erbeben.

Wie findest du zum Gleichgewicht?

Bist du bereit zum finalen Verzicht?

Wenn die Seele zu dir spricht,

Ist Entscheidung erste Pflicht.

Verruchte Feigheit wäre fatal,

Verlängert sie doch nur die Qual.

Wunschträume

Regen fällt auf die durchnässte,
matschige Welt.

Wer hat denn diese Wassermassen nur
bestellt?

Man nagelt mich regelrecht gemein zu
Hause fest.

Ein Schauer nach dem anderen mir
keine Ruhe lässt.

An Freizeitaktivitäten ist jetzt kaum zu
denken.

Selbst kurze Spaziergänge kann ich mir
schenken.

Der Regenschirm ist leider mein treuer
Begleiter.

Das stimmt mich schon lange nicht
mehr heiter.

Könnte ich doch endlich nach dem
Süden entfliehen

Und wie die Vögel in trockene, warme
Gefilde ziehen!

Doch eine heimtückische Krankheit
verwehrt mir die Flucht.

Muss ich mich beugen? Warum ist alles
so verrucht?

Trotz allem habe ich die Hoffnung nicht
aufgegeben.

Niemals sollte man sich feige ergeben in
diesem Leben.

Wer vorzeitig die Waffen streckt und
kapituliert,

Wird zu Recht vom Schicksal gnadenlos
attackiert.

Die goldene Mitte

Der Tag beginnt schon wieder trüb.

Wem ist solches Wetter wirklich lieb?

Wie ein Tumor wächst der Frust.

Vertreibt ganz früh die Lebenslust.

Schon seit vielen Wochen geht das so.

Stimmt die entnervten Menschen gar
nicht froh.

Alle warten mit Schmerzen auf die
Wende.

Wann endlich kommen die
Regenschauer zu Ende?

Im Süden stöhnt man unter der prallen
Sonne.

Zuviel davon verspricht auch keine
Wonne.

Wie immer kommt es auf die richtige
Mischung an.

Nur sie bringt unser Denken und Fühlen
voran.

Immer sollte man die Extreme tunlichst
vermeiden

Und sich mit der goldenen Mitte
bescheiden.

Doch einige wollen unbedingt den
exzessiven Kick

Und brechen sich dabei frivol das
Genick.

Das liebe Geld

Wer mit Geld nicht umgehen lernt,

Früh seine Grenzen gefährlich verkennt.

Eine Überschuldung stellt sich schnell
ein.

Die Zinsen drücken gar hart und
gemein.

Im finanziellen Sumpf man zu ersticken
droht.

Unüberschaubar und groß wird die
tägliche Not.

Selbst intelligente Menschen sind nicht
gefeit.

Auch sie führen mutwillig herbei
sinnloses Leid.

Warum nur fehlt es beizeiten an
Einsicht?

Sie allein gemahnt zur vernünftigen
Vorsicht.

Warum scheut nur das gebrannte Kind
das Feuer?

Könnte nicht ein kluger Rat sein lieb
und teuer?

Vieles ist leichter gesagt als getan.

Mancher wandelt träumerisch im Wahn.

Die Realität ist ein scharfes Schwert.

Wer es verachtet, lebt letztlich verkehrt.

Das letzte Abenteuer

Ist die schöne Zeit nun endgültig vorbei?

Naivität und Lebensfreude brachen
entzwei.

Niemals holst du, auch nur für kurz,
zurück,

Alles, was einst bedeutete, Genuss und
Glück.

Die vielen Jahre jagten wie im
Sturmwind dahin.

Über die Zeit nachzudenken, machte
keinen Sinn.

Noch kanntest du nicht ihren
grausamen Geiz.

Kein Blick zurück, nur nach vorn,
versprach den Reiz.

In scheinbar grenzenloser Lebenslust

Ertränktest du den monotonen
Alltagsfrust.

Doch jäh, ganz unerwartet, kam die
Wende.

Sie setzte der schieren Lebensgier ein
Ende.

Jetzt musst du dich irgendwie ganz neu
erfinden,

Denn nur so kannst du die Schwächen
überwinden.

Noch hoffst du sehnlichst auf eine
erfüllte Zeit.

Schenkt man sie dir auch ohne Schmerz
und Leid?

Frohsinn ist Freiheit

Wir wollen frohe Lieder singen.

Kein böser Gedanke soll uns
niederzwingen.

Ihr könnt uns alles rauben,

Nur nicht unseren Glauben.

Optimistisch wollen wir in den neuen
Tag gehen.

Schon spüren wir, wie frische Winde
wehen.

Von niemandem lassen wir uns etwas
befehlen.

Was wir tun, wollen wir frei wählen.

Wer meint, er könne uns auf den Füßen
stehen,

Wird sich bald schmerzhaft um die
eigene Achse drehen.

Für unsere Freiheit sind wir zu kämpfen
bereit.

Für uns beginnt jetzt eine neue,
angstfreie Zeit.

Bedrückende Nebel haben sich in der
Morgensonne gelichtet.

Wir haben uns zum therapeutischen
Lachen verpflichtet.

Keinen Raum geben wir in Zukunft der
Traurigkeit.

Denn sie führt zum Seelenschmerz und
sinnlosem Leid.

Gaudeamus igitur

Man tanzt nicht immer im
Sonnenschein.

Denn eine Achterbahnfahrt ist unser
Sein.

Höhen und Tiefen müssen wir
durchmessen.

Doch Tiefen wir nicht so schnell
vergessen.

Epikureer sind wir eigentlich alle.

Aus Genusssucht laufen wir in manche
Falle.

Asketisch leben fällt uns schwer.

Solche Tage erscheinen dröge und leer.

Doch zeigt sich innere Stärke im
Verzicht.

Luxusleben führt nicht nur zu
moralischer Gicht.

Immer auf der Suche nach einem neuen
Abenteuer

Wird uns nichts zu gewagt oder teuer.

Irgendwann kommt alles leider zu Ende.

Irgendwann frustriert uns die kapitale
Wende.

Doch egal, wie es dann ist.

Selbst wenn der Frust uns frisst:

Wir haben im Leben nichts vermisst.

Optimismus statt Serotonin

Wer leben will, muss leiden.

Das lässt sich nicht vermeiden.

Glück kann man nicht erzwingen.

Womit willst du es denn erringen?

Könnte es mit Serotonin gelingen?

Das Wunderhormon verändert die
Hirnchemie.

Es vertreibt wirksam jede Melancholie.

Serotonin verleiht dir positive
Seelenkraft,

Befreit das Gemüt aus melancholischer
Haft.

Doch besser sind stets schöne
Gedanken.

Sie bringen schlechte Gefühle ins
Wanken.

Auch in allergrößter Not tut Optimismus
gut.

Er stärkt das Gemüt und gibt frischen
Mut.

Wenn du dich selbst willst bedauern,

Wirst du mit ziemlicher Sicherheit
versauern.

Wer will schon Jammern und Klagen
hören?

Niemanden kannst du damit betören.

Was noch bleibt

Die Vision vom schönen Leben

Über allen Wolken zu schweben,

Treibt dich immer noch mächtig an.

Doch was ist am Träumen noch dran?

Das Alter ist mit Verlaub recht
mühevoll.

Viele Tage sind wahrhaftig nicht toll.

Sie sind beschwert durch Sorgen

Mit schwarzen Gedanken an morgen.

Manches drückt dich schmerzlich an die
Wand.

Morsches hast du schon längst erkannt.

Doch du strebst süchtig nach Harmonie.

Sie ist dir jetzt so wichtig wie noch nie.

Du sehnst dich nach entspannten Stunden.

Nur danach verlangst du noch unumwunden.

Das Kämpfen hast du endgültig aufgegeben.

Es macht keinen Sinn mehr in deinem Leben.

Seelenstärke

Heute bist du ganz erschlafft.

Es fehlt dir an Saft und Kraft.

Jede Bewegung fällt dir schwer.

Wo nimmst du nur die Energie her?

Entweder kannst du die Krankheit
besiegen

Oder du wirst ihr über kurz oder lang
erliegen.

Die Alternative ist schrecklich brutal.

Sie bereitet dir wahrhaftig große Qual.

Letztlich geht es allein um Leben oder
Tod.

Sein oder Nichtsein erzeugt schlimme
Not.

Wie kommst du aus dem Teufelskreis
heraus?

Hast du Angst, das Spiel wäre endgültig
aus?

Jeder geht irgendwann durch die
Höllenglut.

Doch dazu braucht man starken Mut.

Die kleinliche Seele zerschellt an den
Klippen.

Gebrochen werden ihre morschen
Rippen.

Vergiftete Früchte

Gib dem Hass nicht den geringsten
Raum,

Denn vergiftete Früchte trägt dieser
Baum.

Wo kommt dieser Megafrust nur her?

Gründe zu benennen, fällt nicht schwer.

Heilige sind wir alle wahrhaftig nicht.

Was fällt im Leben schon ins Gewicht?

Quäle dich nicht mit üblen Gedanken,

Denn sie bringen die Seele ins Wanken.

Befreie dich von krankmachenden
Lasten.

Übe dich im Verzicht und heilendem
Fasten.

Was du nicht ändern kannst, verdränge
für immer.

Gelingt die Reinigung nicht, wird es
noch schlimmer.

Hassgefühle werden zum eitrigen
Geschwür.

Wirf sie mutig beizeiten hinaus vor die
Tür.

Erleichtere deine Seele von jeglicher
Last.

Sie will endlich heraus aus dem
Seelenknast.

Flucht ist Drückebergerei.

Täglich plagt dich die Ungewissheit.

Sie erzeugt neues seelisches Leid.

Ängste wuchern wie hässliches Unkraut.

Worauf hast du nur die ganze Zeit
gebaut?

Nichtwissen wird zum trügerischen
Ruhekissen.

Der Furchtsame will es lange nicht
vermissen.

Denn die Diagnose könnte vernichtend
sein.

Trotzdem verlangst du jetzt nach reinem
Wein.

Flucht vor der Realität ist keine Option.

Sie wäre nur der Feigheit schlechter
Lohn.

Letzten Endes bleibt dir doch keine
Wahl.

Sonst verlängerst du künstlich deine
Qual.

Dem Schicksal musst du tapfer in die
Augen schauen.

Nur diese Haltung kann dich wieder
seelisch aufbauen.

Wisse:
Launisch walten die Parzen über unser
kurzes Leben.

Sie lassen Himmel und Erde machtvoll
erbeben.

Trost durch Erkenntnis

Leider ziehen zurzeit düstere Wolken am
Himmel auf.

Nimmt die bösartige Krankheit einen
schlechten Verlauf?

Niemand weiß, was in Zukunft noch mit
dir geschieht,

Ob zwischen den Dornen eine duftende
Rose erblüht?

Wäre nicht vieles leichter, wenn man
sein Schicksal kennt?

Als Ahnungsloser man sich schnell
gedanklich verrennt.

Nicht einmal den Philosophen lassen
Existenzängste los.

Seelische Beruhigung fällt doch keinem
in den Schoß.

Niemand hilft dir, wenn du furchtsam
zum Schafott gehst.

Grausam die Minuten, wenn du vor
deinem Henker stehst!

Wirst du weinen wie ein Schlosshund
und feige jammern?

Oder loslassen und nicht mit aller Kraft
am Leben klammern?

Im Universum waltet trotz aller
Brutalität Gerechtigkeit.

Wo du auch hinschaust, alles hat seine
begrenzte Zeit.

Nichts Lebendiges wird von Ewigkeit zu
Ewigkeit bestehen.

Alles muss im vernichtenden Mahlstrom
elend untergehen.

Überlebenswille

Alles dreht sich um das kurze Leben.

Nur noch danach will ich eifrig streben.

Oh, wie wird man doch bescheiden!

Niemals werde ich andere zukünftig
beneiden.

Ich gönne ihnen alles Geld der Welt.

Habe ab jetzt nur noch das höchste Gut
bestellt.

Ja? Es heißt schlicht Gesundheit.

Alles andere wäre reine Torheit.

Nur sie allein kann mir noch genügen

Der Mammon darf mich nicht mehr
betrügen.

Ich verjage ihn wie einen wilden Stier.

Ich werfe ihn hinaus! Ich versperre ihm
die Tür!

Mut heißt, dem Dämon ins Feuerauge
zu sehen.

Mut heißt, dem Mahlstrom zu
widerstehen.

Der Sieger muss sich quälen.

Nie darf er den bequemen Weg wählen.

Nur der Mutige wird schließlich belohnt,

Indem er auf dem Altar der Heilung
thront.

Nur wer sein Herzblut vergießt,

Sein Leben mit Fug und Recht genießt.

Noch nicht!

Ja, noch bist du nicht bereit

Zum Eintritt in die Ewigkeit.

Noch brennt heiße Lebensgier

Helllodernd und unstillbar in dir.

Du willst trotz aller Unkenrufe leben.

Nur darauf richtet sich dein Streben.

Mit dem Dämon Krebs willst du ringen.

Ob am Ende Sieges-Fanfaren erklingen?

Noch ist die Zeit nicht reif für eine
Kapitulation.

Feige Waffenstreckung wäre doch nur
Hohn.

Selbst wenn alt und schwach du bist,

Hast du vielleicht noch eine Gnadenfrist.

Tage, Wochen, Monate - Zeit ist Gewinn.

Dieser Gedanke geht dir nicht aus dem Sinn.

Nie hättest du gedacht, dass man so am Leben hängt.

Doch leider hast du arglos Warnungen bewusst verdrängt.

Kampfbereit

Noch erscheint dir dein Leben
lebenswert.

Noch ist dir die Freude nicht ganz
verwehrt.

In deinem Kopf überschlagen sich kühne
Pläne.

Narrt dich ein Dämon? Sind sie seine
Häme?

Vor einem Jahr fühltest du dich noch
jung.

Die starke Sonne Spaniens gab dir
Schwung.

Noch ahntest du nicht des Schicksals
Bahn.

War denn deine Arglosigkeit naiver
Wahn?

Der Krebs schlich sich heran wie ein
Dieb in der Nacht.

Beinahe hat er dich schon um deinen
Verstand gebracht.

71

Brutal trat das launische Schicksal dir ins Gesicht.

Jetzt zwingen dich harte Diagnosen zu Lebensverzicht.

Trotz alledem sehnst du dich nach weiteren Jahren.

Wann wirst du die Sinnhaftigkeit deiner Therapie erfahren?

Doch ist es nicht besser, kämpfend unterzugehen,

Als feige zu verharren und tatenlos daneben zu stehen?

Tag der Entscheidung

Der Tag der Entscheidung zeichnet sich
ab.

Wilde Gedanken stürzen dich ins
Seelenchaos hinab.

Ängste sieden heiß in deiner matten
Brust.

Vorbei ist für lange Zeit wohl die
Lebenslust.

Schön waren die Jahre der Arbeit und
Liebe.

Verdaut hast du auch harte
Schicksalshiebe.

Am Ende erstrahlte oft die süße
Liebessonne.

Sie schenkte Körper und Geist große
Wonne.

Niemals sollte man nur nach den
Gipfeln streben.

Gerade in der bescheidenen Mitte erfüllt
sich das Leben.

Doch das Rad der Fortuna dreht sich immer weiter.

Mal stimmt es uns traurig, mal aber auch heiter.

Auch die schlimmste Zeit findet irgendwann ihr Ende.

Deswegen darf jeder getrost hoffen auf ihre Wende.

Nur wer sich ernsthaft bemüht um Geduld,

Erfährt des Schicksals geneigte Huld.

Gelegenheit

Der seelische Krampf

Ärger dich schon am Morgen beschlich.

Zorniges Wort aus deinem Mund
entwich.

Von außen werden Konflikte
herangetragen.

Du würdest sie gerne aus deiner Seele
verjagen.

Doch immer fängt man dich mit
Problemen ein.

Das alles hältst du langsam für
unverdient gemein.

Es muss dir gelingen, sie für immer zu
neutralisieren,

Sonst wirst du die Schlacht um die
Gesundheit verlieren.

Wer profitiert, wenn deine Kräfte dich
verlassen?

Du solltest Schädliches nicht an dich
heranlassen.

Gewinnst du diesen psychologischen
Kampf,

Befreist du dich aus altem, seelischem
Krampf.

Schließlich muss jeder für sich selbst
einstehen

Und übertriebene Belastungen
rechtzeitig sehen.

Mit allen Mitteln sollte er versuchen,
ihnen zu entgehen.

Fallstricke zu erkennen, heißt schlicht
die Welt verstehen.

Weiße Nächte

Die nörgelnde Sorge ist riesengroß.

Leider wirst du sie gar nicht los.

Durch die Hölle musst du gehen.

Nur so kannst du die Prüfung bestehen.

Jetzt geht es um Sein oder Nichtsein.

Dieses Dilemma erzeugt juckende Pein.

Für Feigheit gibt's nicht den geringsten
Raum.

Dicht bewegst du dich am glühenden
Lava-Saum.

Wirst du entkommen oder lichterloh
brennen?

Sinnlos, die reale Gefahr bewusst zu
verkennen.

Doch wer schenkt dir die nötige
Nervenkraft?

Längst ist die wunde Seele in elender
Kerkerhaft.

Gedankenratten nagen an deiner
Lebenskraft.

Gierig saugen sie aus, den letzten
Lebenssaft.

Quälende Geister rumoren ständig über
Nacht.

Am zerknüllten Bett halten sie
sadistische Wacht.

Zehn Jahre

Wie könnte ich dich jemals vergessen?

Es wäre sündig und zugleich vermessen.

Vor zehn Jahren bist du ins Grab
gegangen.

Abends sehe ich deinen Stern am
Himmel prangen.

Arbeitsreich und erfüllt war dein langes
Leben.

Für deine kleine Familie hast du alles
gegeben.

Daher bewahre ich dich in bester
Erinnerung.

Vergangene Vaterbilder geben neuen
Schwung.

Geprägt war deine erste Lebenshälfte
durch große Not.

Vor Augen stand dir der grausame,
blutige Soldatentod.

In der Gefangenschaft quälte dich die
Sorge ums tägliche Brot.

Nach dem Krieg eine fesche Frau dir
Stütze und Heimat bot.

Viele Jahre der Zuneigung wurden dir
von Gott beschert.

Niemals hast du diese loyale Liebe zu
Frau und Sohn entehrt.

Voller Zuneigung wünsche ich mir auch
ein langes Leben.

Doch beinahe hundert Jahre sind nur
wenigen gegeben.

Religion

INSHALLAH

Du fühlst dich stark angeschlagen.

Was kannst du jetzt noch wagen?

Ist es die rabiate Chemotherapie?

Zwingt sie dich allmählich in die Knie?

Mit aller Kraft willst du bald wieder
gesunden,

Auch wenn das Rezidiv dir schlug tiefe
Wunden.

Noch immer bist du nicht gänzlich am
Ende

Und hoffst inständig auf die große
Wende.

Schon einmal brachte dich die Therapie
ins Leben zurück,

Bescherte dir großzügig ungeahntes,
neues Glück.

Du träumst von einer zweiten, tiefen
Remission.

Sie wäre der therapeutischen Leiden
schönster Lohn.

Doch Schicksalsmächte entscheiden
über Wohl und Wehe.

Hilft es, wenn ich in meiner Schwäche
den Himmel anflehe?

Zu guter Letzt bleibt mir aber keine
andere vernünftige Wahl,

Als mich demütig zu verhalten im Falle
der Errettung oder Qual.

Der letzte Kampf

Der letzte Erdenkampf

Wird stets zum schwersten Krampf.

Körper und Seele werden geschieden.

Erst dann kann einkehren der ewige
Frieden.

Das müde Herz steht still.

Eine höhere Macht es so will.

Die Gastrolle ist für immer vorbei.

Doch ist das nicht letztlich einerlei?

Tränenreich ist meist dieser letzte Weg.

Das Fährboot liegt bereit am Hades-
Steg.

Hast du das Fährgeld in der knochigen
Hand?

Es bringt dich in ein ganz anderes Land.

Den Schluck aus Lethe reicht man dir,

Bevor man endgültig dich bringt von
hier.

Nur im Vergessen erlebst du tiefen
Frieden.

Nur so wird dir ein neues Seelenglück
beschieden.

Lohn der Gier

Gehen sie nicht irgendwann fast alle

Schnurstracks in die Mammon-Falle.

Der ewige Tanz um das Goldene Kalb

Ist mit Verlaub der schlimmste Alb.

Viele sind aus Gier gar arg verblendet.

Wofür haben sie Geld und Gut
verwendet?

Vielleicht nur zur Befriedigung ihrer
niederen Triebe.

Dann verdienen sie am Ende nur
schmerzhafte Hiebe.

Das Schicksal sie heftig an der Gurgel
packt.

Zitternd steh'n sie da, hilflos, ganz
splitternackt.

Sie haben sarkastisch und frech Gott
verhöhnt

Und sich nicht rechtzeitig mit ihm
versöhnt.

Voller Sehnsucht erblicken sie die
himmlischen Gaben,

An denen sich im Paradies jetzt die
Frommen laben.

Doch alle Wege zum Garten Eden waren
früh verstellt.

Schuld daran war der Dämon, das
schmutzige Geld.

Schlaflosigkeit

Ängste stürzen auf den Alten ein mitten
in tiefer Nacht.

Seelenschmerzen haben ihn fast um den
Verstand gebracht.

Er wälzt sich unruhig auf der harten
Pritsche ständig hin und her.

Die endlosen Stunden bis zum Morgen
vergehen nur sehr schwer.

Sein Leben zieht wie ein Film in Zeitlupe
vorm inneren Auge vorbei.

Belastende Ereignisse der Vergangenheit
sind ihm nicht einerlei.

Sie erneut zu durchleben, bedeutet wie
immer seelische Qual.

Doch es fehlt ihm an Kraft, es zu
ändern. Er hat keine andere Wahl.

Der Angstschweiß rinnt in heißen
Tropfen von seiner Stirn herab.

Sein müdes Herz beginnt wie wild zu
jagen und hält ihn auf Trab.

In seinem Kopf formt er beruhigende
Mantras und flüstert sie leise.

Kann er die Schatten der Vergangenheit
vertreiben auf diese Weise?

Beim ersehnten, ersten Lichtstrahl
verlässt er das Prokrustesbett.

Die Nacht war ein kraftzehrender
Horrortrip und überhaupt nicht nett.

Wie kann er nur diesem gefürchteten
Teufelsritt endlich entkommen?

„Gibt es einen Ausweg?", fragt er sich
morgens ermattet und beklommen.

Sterben

Ich wollte es nicht wissen.

Nichtwissen ist ein sanftes Ruhekissen.

Der Abschied kam in Raten daher.

Die Orientierung fiel ihr schwer.

Der Mensch sollte erst zum Schluss aus
Lethe trinken,

Wenn die verhassten Fährleute am Steg
ihm winken.

Gab ihr nicht der gütige Gott glänzende
Geisteskraft?

Warum nimmt er sie ihr grausam über
Nacht?

Als das letzte Blatt vom Baume fiel,

Verspürte sie zum Glück nicht viel.

Ein sanftes Dahinscheiden war ihr
beschieden.

Geist und Körper wurden gnädig
geschieden.

Scheinbar ist das Sterben nicht immer
schwer.

Doch schon der Gedanke hieran
missfällt uns sehr.

Gerne errichten wir zum Schutz ein
Tabu.

Es verspricht dem geplagten Geist die
nötige Ruh.

Das rote Tuch

Bei manchen Themen gerätst du in
große Wut.

Doch keine Frage, das tut dir wahrhaftig
nicht gut.

Krankhafter Stress baut sich dann
unerträglich auf.

Die unerwünschte Erregungskurve
nimmt ihren Lauf.

Wie aber kannst du deinen Zorn
kontrolliert überwinden,

Ohne Eskalation das innere
Gleichgewicht wieder finden?

Oft hilft die zeitige Einsicht in die
unvermeidliche Notwendigkeit.

Sie befreit den Körper und die erregte
Seele vor unnötigem Leid.

Kein Mensch sollte reagieren wie der
Stier auf das rote Tuch.

Auf törichter Hetze ruht meist blutiger,
dämonischer Fluch.

Wenn du nüchtern bedenkst, wie kurz
das menschliche Leben ist,

Ist wahre Klugheit, dass man manche
Kränkung bald vergisst.

Gewaltbereiter Zorn entpuppt sich als
Mangel an Menschenliebe.

Wer die Menschen kennt und liebt, nie
verteilt Hiebe.

Gott fordert gebieterisch immer
Gelassenheit und Friedfertigkeit.

Die Früchte des Zorns vergiften
zweifellos die Menschlichkeit.

Atheistische Verblendung

Viele zelebrieren Spott und Hohn,

Wenn sie sich äußern über Religion.

Mancher kommt sich weise vor

Und ist doch nur ein wahrer Tor.

Ja, wenn er dann wird entfleischt,

Eine zweite Chance er erheischt.

Doch krass wird sie ihm verwehrt,

Denn er lebte ganz grundverkehrt.

Jetzt muss er dafür hart büßen.

Teuflische Fratzen ihn begrüßen.

In heißem Öl und Pech wird er sieden.

Geschunden findet er keinen Frieden.

Drum halte dich klug in der Kritik
zurück.

Du könntest verlieren dein Seelenglück.

Wer weiß schon, was danach kommt?

Wer kann sagen, was ihm dann frommt?

Abgesang

Jetzt fühlst du dich krank und alt.

Der Kreislauf schwächelt, die Hände
kalt.

Du machst dir ziemlich große Sorgen.

Wie wird es sein schon morgen?

Hast du dann noch die Kraft zum
Alltagsleben?

Dunkle Gedanken bringen dein Herz
zum Beben.

Zitternd und ganz auf dich allein gestellt

Die alte, vertraute Welt in sich
zusammenfällt.

Doch alle müssen durch dieses Tor der
Tränen,

Auch wenn sie sich heute noch im
Olymp wähnen.

Sie werden alle gebeugt und arg
geschunden.

Die Alterstortur hinterlässt bei jedem
Wunden.

Angst quillt mächtig aus der armen
Seele heraus.

Nichts bleibt mehr verborgen, alles muss
hinaus.

Der Totentanz ist der endgültige
Befreiungsschlag.

Ihm noch zu entrinnen, niemand jemals
vermag.

Der gerechte Lohn

Wenn es in deiner Seele wieder rumort,

Das Einhorn der Todesangst dich
durchbohrt,

Dann bist du leider mit dir ganz allein.

Muss es denn genauso elend immer
sein?

Alle haben dich jetzt schändlich
verlassen.

Du beginnst sie, abgrundtief zu hassen.

Haben sie nicht unverbrüchliche Treue
geschworen?

Doch ihre Herzen sind aus Egoismus
gefroren.

Ihre angebliche Liebe war ein falsches
Versprechen.

So war es ein Leichtes, es jederzeit zu
brechen.

Vom Himmel verlangst du für sie
gerechten Lohn.

Sie werden ihn bekommen mit Spott
und Hohn.

Dann wirst du erfahren von göttlicher
Gerechtigkeit.

Sie wird auf immer tilgen menschliche
Schlechtigkeit.

Sodom und Gomorra wurden mit
Schwefel vernichtet.

Über das heilige Brandopfer die Bibel
uns unterrichtet.

Dem göttlichen Zorn kann kein Mensch
entgehen.

Wir müssen uns daher hüten,
Todsünden zu begehen.

Denn der Lohn der Sünde wird immer
der Tod sein.

Er klopft an die Tür und will gierig zu dir
hinein.

Ängste überwinden

Heute bist du angefüllt mit Ängsten und
Leid.

Den Tränenkelch auszuschütten, wird
es Zeit.

Üppiges Unkraut der Frustration
wuchert im Herzen.

Schwer erträgst du die brennenden
Schmerzen.

Die Wahrheit ist unbestechlich und
stahlkalt.

Ob du es willst oder nicht, du erfährst
sie bald.

Willst du immer noch den Kopf in den
Sand stecken?

Was willst du nur auf diese Weise
bezwecken?

Falsche Freunde winken am Wegesrand.

Du hättest sie besser niemals gekannt.

Der eine heißt Feigheit, der andere
Selbstbetrug.

Von beiden hast du jetzt wirklich genug.

Du musst dem Teufel in die Augen
schauen.

Innere Stärke fließt aus dem
Selbstvertrauen.

Wann wirst du dich endlich ganz
überwinden

Und zum soliden Gleichgewicht
zurückfinden?

Eisige Erkenntnis

Wer nicht an die Schöpfung glaubt,

Sich höherer Erkenntnis beraubt.

Denn nichts ist schierer Zufall.

Alles geschieht nach Plan im All.

Wer aber schenkt uns dieses Leben?

Nur einmal wird es uns gegeben.

Seelenwanderung ist barer Unfug,

Letztlich eben nur frommer Betrug.

Er soll die Vernichtungsängste lindern

Und so noch Schlimmeres verhindern.

Wer kann denn schon auf Trost
verzichten,

Ohne sich zu quälen, ja, gar zu
vernichten?

Am Ende seiner Frist muss jeder nach
Golgotha gehen.

Bald werden eisige Winde über seine
Grabstelle wehen.

Gibt es einen, der noch immer nicht
weiß genau Bescheid,

Dass zum Schluss auf ihn wartet das
Nagelbrett aus Leid?

Heraus aus dem Seelenknast!

Wenn Lasten auf Körper und Seele
drücken,

Was soll dich dann noch erneut
entzücken?

Der Alltag scheint dich gänzlich
aufzufressen

Hast du schon längst die Notbremse
vergessen?

Von quälenden Sorgen mache dich
innerlich frei.

Dann sind die schlaflosen Nächte bald
vorbei.

Das heilige Brandopfer betörend freier
Düfte

Durchströmt die geheilte Seele wie
frische Lüfte.

Das Tor zur Freiheit hat sich endlich
aufgetan.

Deine neue Leichtigkeit ist kein eitler
Wahn.

Ja, der Sorglosigkeit zugewandt, solltest du leben.

Was nützt es dir nach dem Materiellen zu streben?

Das Menschenleben bemisst sich nach wenigen Dekaden.

Niemals solltest du selbst in Gedanken anderen schaden.

In der eigenen Freiheit erkennst du die Hoffnung der Menschheit.

Voller Sehnsucht richtet sie sich nach göttlicher Gewissheit.

Des Teufels Spiel

Durch sinnlosen Streit entsteht Leid.

Es verschlingt viel Energie zur Unzeit.

Wir könnten wahrhaftig besser leben,

Wenn wir stets nach Harmonie streben.

Doch der Teufel gibt uns böse Worte ein.

Sein Spiel mit uns ist hinterlistig und
gemein.

Doch genau das müssen wir erst
kapieren.

Dann hören wir bald auf, uns zu
malträtieren.

Wollen wir denn nicht alle Seelenfrieden
auf Erden,

Möglichst frei sein von Drangsalen und
Beschwerden?

Nur dazu müssen wir alle wirklich guten
Willens sein,

Dann stellen sich Frohsinn und
Lebenslust gerne ein.

Genau deshalb sollten wir jeden Streit
bekämpfen

Und aufbrechende Zwistigkeiten
kraftvoll dämpfen.

Wir sind nicht gemacht, um uns ständig
zu bekriegen.

Was hat man denn von solch
vermeintlichen Siegen?

Der Schlussakkord

Brutal, dass alles bald für dich
unwiederbringlich zu Ende geht.

Gemein, dass der kalte Nordwind über
dein Meeresgrab weht.

Ja, der definitive Abschied fällt fast
jedem immer recht schwer.

Wo nimmt man nur die Kraft der
endgültigen Überwindung her?

Der Gedanke an die vollständige
Auflösung führt zur Raserei.

Ewiger Friede kehrt erst ein, wenn alles
endgültig ist vorbei.

Doch alle ohne Ausnahme müssen
diesen harten Weg gehen.

Wenn der Schlussakkord verklingt, ist
nichts mehr zu verstehen.

Zerschmettert ist der letzte
Hoffnungskeim in deinen Gedanken.

Über und unter dir beginnt die Welt zu
wanken und zu schwanken.

Die einmal geschenkte, wertvolle Zeit ist
nahezu ganz abgelaufen.

Diese bittere Erkenntnis wirft deine
Pläne auf den Kehrrichthaufen.

Schließlich bist du nur ein armer Wurm
unter zahlreichen Millionen,

Die in Kürze, auch gegen ihren Willen,
ganz woanders werden wohnen.

Vielen Milliarden Menschlein wird es
auch in fernster Zukunft so ergehen.

Werden sie ihren Schöpfer im
kosmischen Sternenkranz ehrfürchtig
sehen?

Verfehltes Leben

Schlechte Menschen werden bestraft.

Irgendwann werden sie schändlich
entlarvt.

Gott wird sie am Jüngsten Tag richten.

Die Frommen belohnen, die Üblen
vernichten.

Sie hatten alle durch göttliche Gnade die
freie Wahl.

Die falsche Entscheidung wird ihnen
jetzt zur Qual.

Am Jüngsten Tag werden die Sünder
ihre Frevel bereuen.

Die Frommen aber werden sich der
ewigen Huld erfreuen.

Vielleicht wäre es für manche besser, nie
ins Leben getreten zu sein.

Denn dann hätten sie keine Strafe zu
erwarten und keine Pein.

Doch wir bestimmen nicht, wer kommen
darf und gehen muss.

Wer weiß denn schon, ob er leben wird
im Genuss oder Verdruss?

Einst schmerzhaft Fleisch geworden,
wollen die meisten leben.

Kann man es ihnen verdenken, wenn sie
nach Materiellem streben?

Viele Menschen erkennen leider nicht,
was wirklich auf Erden zählt.

Ist es denn wirklich das falsche
Bewusstsein, das ihre Seele quält?

Letzte Tage

Wovor mir immer bangte,

Wonach ich nie verlangte,

Diese Ängste sind nie gewichen,

Sie haben sich dreist angeschlichen:

Die Furcht vor dem Alter und seiner
Mühsal,

Der erzwungene Verzicht und die
Methusalem-Qual.

Wäre nicht schöner ein blitzartiger
Wegtritt?

Käme er nicht gleich einem waghalsigen
Ritt,

Der durch einen finalen Sturz beendet,

Alles irgendwie doch zum Guten
wendet?

Der Schlussszene sollte dramatisch sein

Und nicht langwierig und hundsgemein.

Was hast du von dem langsamen
Verfall?

Ist nicht erstrebenswert der jähe Knall?

Wenn du schon ins Reich der Schatten
gehen musst,

Sollte der Herr über Leben und Tod dir
ersparen den Frust.

Es sei denn, du hättest noch Sünden
abzubüßen,

Dann hast du kein Recht, die letzten
Tage zu genießen.

Darum sorge dich beizeiten um
Nächstenliebe und Gerechtigkeit,

Dann musst du nicht leiden für
Blasphemie und Schlechtigkeit.

Trutzig

Der Onkologe gibt grünes Licht,

Daher heute kein Therapieverzicht.

Wirst du die Tortur insgesamt bestehen

Oder mit ihr weinerlich untergehen?

Keiner kann sein Schicksal kennen,

Sinnlos, gegen Beton zu rennen.

Die Geduld wird immer auf die Probe
gestellt,

In deiner tumorkranken Welt.

Doch du willst vertrauen,

Auf die Zukunft bauen.

Alle Kräfte sammelst du,

Baust die feste Burg im Nu.

Alle Pfeile prallen an ihr ab.

Von hohen Zinnen fallen sie herab.

Auf weichem Moos sie harmlos liegen.

Sie konnten dich nicht besiegen

Nichts mehr!

Ist es endgültig vorbei,

Erhebst du lautes Geschrei.

Willst nicht dorthin gehen,

Wo die armen Seelen flehen.

Verhasst ist dir dieser Ort.

Doch alles zerrt dich dorthin fort.

Ist die Zeit schon abgelaufen?

Keine Zusatzstunde kannst du kaufen.

Mächtig schlägt das Schicksal zu.

Es zerreißt dich ganz im Nu.

Kein Ausweg ist vorgesehen.

Die Tortur musst du allein bestehen.

Wünsche dir, dass alles fände,

Ein superschnelles, mildes Ende!

Wenn endgültig es ist vorbei,

Ist dann alles ziemlich einerlei?

Messeropfer in Liverpool

Jedes kleine Mädchen war wie eine
blühende Orchidee.

Jedes kleine Mädchen hinterlässt
unsagbares Weh.

Ein wahres Monster hat sie aus dem
Leben gerissen.

Der Vorhang des Glaubens an
Menschlichkeit ist zerrissen.

Die Stichwunden der unschuldigen
Engel schmerzen.

Auch unser Blut quillt heftig aus
zerfetzten Herzen.

Die Messerstiche brennen wie ätzender
Phosphor.

Lüstern öffnet Luzifer sein höllisches
Schwefeltor.

Wie kann man mit einem solchen Teufel
zusammenleben?

Die tief abstoßende Tat lässt Himmel
und Erde erbeben.

Sie waren wie Lotusblüten, unschuldig
und makellos.

Wie werden die gepeinigten Eltern ihren
Schmerz nur los?

Wenn das Licht der brüderlichen Liebe
kalt erlischt,

Wird dann blutige Rache zur gebotenen
Pflicht?

Mein ist die Rache, spricht der Herr des
Lebens.

Wer an meine Gerechtigkeit glaubt, lebt
nicht vergebens.

Der messianische Tag

Man bezahlt mit Tränen und Blut.

Vergisst, dass dabei wächst die Wut.

Hass gedeiht auf blutgedüngter Erde,

Sprießt empor, dass neues Morden
geboren werde.

Wann wird man endlich verstehen?

Wann wird der Wind der Versöhnung
wehen?

Alle erwarten diesen Tag.

Ist es der messianische Tag,

Der beenden wird der Menschen Plag'?

Alle hoffen auf die große Wende.

Alle ersehnen des Mordens Ende.

Daher erwürgt zuerst die Dämonen,

Die jetzt noch in euren Herzen wohnen.

Lebensziele

Das Leben gleicht einer Achterbahn,

Sie stürmt und stürzt von Wahn zu
Wahn.

Was wird wahr aus süßen Träumen?

Wächst die Erfüllung nur auf Bäumen?

Du brennst in heißem Sehnsuchtsfeuer.

Alle deine Wünsche sind dir lieb und
teuer.

Doch irgendwann hast du vom Trubel
genug.

Alles wird im Licht der Offenbarung zu
lächerlichem Unfug.

Was willst du in deinem kurzen Leben
erreichen?

Womit kannst du dein müdes Herz
erweichen?

Die wahre Liebe wohnt im liebesbereiten Herzen.

Niemals erringt man sie ohne tiefe Seelenschmerzen.

Der Mammon ist sündhaft wie das Goldene Kalb.

Wenn du nach ihm allein strebst, wird er zum Alb.

Verachte den vermeintlichen Ruhm dieser Welt.

Nützt er dir, wenn dein Reich in Scherben fällt?

Der finale Schuss

Wenn der finale Schuss endlich fällt,

Ändert sich alles in deiner kleinen Welt.

Angstdämonen haben keine Heimat
mehr.

Die Seelenflucht bedrückt sie jetzt
schwer.

Endlich hast du mutig den Seelenknast
verlassen.

Vielleicht wird dich mancher dafür sehr
hassen.

Der Sprung in den Mahlstrom steht
Ihnen noch bevor.

Erreichen ihre gellenden Schreie dann
noch dein Ohr?

Deine Sorgen lösen sich auf wie der
Morgentau.

Die süßen Winde der Befreiung wehen
schon lau.

All dies kann ein jeder in
Selbstbestimmung erreichen.

Er darf nur nicht quälenden Ängsten
feige ausweichen.

Wenn der finale Schuss dann endlich
fällt,

Alles wie ein Kartenhaus in sich
zusammenfällt.

Vielleicht findest du dich im Jenseits
wieder

Und singst mit lieben Engellein süße
Lieder.

Sinai oder das gelobte Land?

Kraft- und saftlos fühlst du dich schon
am Morgen.

Auf dein Gemüt drücken tagein, tagaus
schwere Sorgen.

Dornige Stacheln sind sie im wunden
Fleisch der Angst,

Verhüllte Zukunft, vor der du noch
unwissend bangst.

In wenigen Wochen bekommst du eiskalt
Bescheid,

Ob die gestellten Diagnosen vermehren
dein Leid.

Doch die Hoffnung stirbt bekanntlich
zum Schluss.

Ein jeder leider diese quälerischen Wege
gehen muss.

In das Morgen windet sich ein
verschleierter Pfad.

Keiner kennt das Ziel, zu dem er noch
führen mag.

Du brauchst Geduld, bis sich die Nebel lichten.

Erst dann kannst du die Wegmarken klar sichten.

Wo sie dich hinführen, ist dir jetzt noch unbekannt.

Locken sie dich nach Sinai oder in das gelobte Land?

Du sehnst dich maßlos nach Befreiung.

Wären doch endlich vorbei die Zeiten der Kasteiung!

Der neue Messias

Wieder unruhig war die tropische Nacht.

Du hast sie im Halbschlaf schlecht
verbracht.

Im engen Seelenkerker quälen böse
Träume.

Sie sind wie widerliche, schmutzige
Schäume.

Die Welt ist voller Hass und
unversöhnlichem Zorn.

Man treibt ins rohe Fleisch den giftigen
Dorn.

In **Gaza** und der **Ukraine** wüten die
Dämonen,

Die in den sündigen Seelen der
Menschen wohnen.

Könnte man sie für immer besiegen,

Wäre es das Ende von allen blutigen
Kriegen.

Der Traum vom ewigen Frieden würde
wahr,

Den die Menschheit ersehnt hat
immerdar.

Doch braucht sie dazu den neuen
Messias,

Der hinwegnimmt die Sünden und den
Hass?

Noch zeichnet sich leider keine Lösung
ab.

Noch trauern die Unschuldigen am
offenen Grab.

Die Gottesfrage

Der kleine Mann denkt.

Aber Gott allein lenkt.

Er kommt sich groß vor.

Doch ist er nicht ein Tor?

Kleiner Mann, warum bist du irritiert?

Pass auf, dass man dich nicht verführt.

Der Atheist meint, er wäre im Recht.

Aber seine Philosophie ist schlecht.

Er fährt auf dem falschem Gleis,

Denn ihm fehlt der Beweis.

Wen will er mit seinen Ansichten
beglücken?

Man sollte ihn in die Wüste schicken.

Dort kann er Gott laut verhöhnen.

Teufel werden ihn später verwöhnen,

In siedendem Öl und Schwefelbrand.

Dem Bibelkundigen ist all dies bekannt.

Wer den Kosmos ernsthaft studiert,

Wird oft durch die Gottesfrage
stimuliert.

Ohne Gottesglaube er sich im Labyrinth
verliert.

Schon Einstein hat die Raumzeit
exaltiert.

Gibt es Ewigkeit?

Der Sommer rauscht vorbei.

Irgendwie ist es mir einerlei.

Mein Herz ist sowieso beklommen.

Mag der Herbst jetzt kommen.

Der Sommer war erfüllt von Hoffen und
Verzagen.

Oft waren die Sorgen kaum zu ertragen

Ängste waren meine ständigen Begleiter.

Sind sie die Vorboten apokalyptischer
Reiter?

Warum nur will ich ewig leben,

Mit allen Kräften danach streben?

Aber hilft mir frommes Wunschdenken?

Gott allein kann ewiges Leben schenken.

Der Verstand verneint die zweite
Inkarnation.

Doch das weiß ich länger schon.

Nur die Transzendenz kennt die
Ewigkeit.

Sie könnte Freude bedeuten oder aber
auch Leid.

Hoffnung auf Reinkarnation

Alles Leben ist in SEINER Hand.

Das ist dir schon längst bekannt.

Ist Wiederauferstehung dein Ziel?

Dann verlangst du eigentlich zu viel.

Auferstehung ist Reinkarnation.

Pseudoapotheose ist ihre Emanation.

Wer erfährt am Ende himmlischen
Lohn?

Wenn du dazu gehörst, weißt du es
schon.

Nur Auserwählte werden reinkarniert.

Durch Visionen werden sie informiert.

Niemand kann Wiederauferstehung
erzwingen.

ER lässt sich niemals dazu zwingen.

Beuge dich SEINEM unerforschlichen
Willen.

Nur dies kann deine heiße Sehnsucht
stillen.

Schon einmal hattest du das Privileg zu
leben.

Warum sollte ER dir eine zweite Chance
geben?

Prüfe, ob dein Begehren wirklich
sinnvoll ist.

Unfairen Egoismus jeder schnell
vergisst.

Was hast du aus deinem früheren Leben
gemacht?

Hast du es nutzlos und wie im Schlaf
verbracht?

Jetzt ist es entschieden zu spät für die
aufrichtige Reue.

Hast du immer deinem Schöpfer
gehalten die feste Treue?

Nur so kannst du die vielleicht
Wiederauferstehung erlangen.

Hast du dich versündigt, kannst du gar
nichts verlangen.

Allahu Akbar

Die Geheimnisse der Schöpfung wirst du
nie erfahren.

Gott wird sie für immer und ewig für
sich bewahren.

Du wirst ohne Zweifel zu Staub oder
Asche zerfallen.

Dein unnützes Geschrei wird nicht mehr
durch Säle hallen.

Du warst und bist ein nichts und wirst
es für immer bleiben.

Verschwinde zur rechten Zeit, sonst wird
man dich vertreiben.

Dein elend kurzer Pachtvertrag ist jetzt
endgültig abgelaufen.

Es macht überhaupt keinen Sinn, sich
deswegen die Haare zu raufen.

Du hast deine Jahre des süßen Lebens
wie alle gehabt.

Hast du dich nicht an ihnen die ganze
Zeit über gelabt?

Für Reue und ehrliche Buße ist es nun
längst zu spät.

Beuge dich deinem Schöpfer! Beachte,
wozu er dir rät!

Nur so kannst du deine Angst vor dem
Unbekannten kontrollieren.

Niemand kann sie, wenn er ehrlich ist,
vollständig negieren.

Wer leidet nicht darunter, schließlich
doch alles zu verlieren?

Überwindest du sie, kannst du mit
Recht lautstark jubilieren.

Blutopfer

Du betest IHN an, aber ER antwortet
nicht.

Dein Flehen fällt bei IHM nicht ins
Gewicht.

Du willst IHN schauen von Angesicht zu
Angesicht.

Ob ER dann mit dir auf gleicher
Augenhöhe spricht?

Klingt dein Begehren nicht nach
Blasphemie?

Wenn du dich überhebst, antwortet ER
dir nie.

Bedenke, kleines Menschlein, wer du
nur bist.

Gehorsam und geduldig soll sein der
wahre Christ.

Du musst dich zweifellos ganz neu
erfinden.

Stolz und Dummheit in dir radikal
überwinden.

Bedenke, kleines Menschlein, dass du ein Wurm bist.

Dir ist auf Erden gesetzt eine traurige, kurze Frist.

Auf blankem Altar sollst du das Opfer exekutieren.

Dann wird ER deine Mühe mit einer Antwort goutieren.

Dein rotes Blut muss frisch aus deinen Adern fließen.

In SEINER Allgegenwart musst du deinen Lebenssaft vergießen.

Zwischen Hoffen und Verzagen

Wird die Seele irgendwann wandern

Von einem Körper in den anderen?

Oder ist dieser Gedanke nur
Selbstbetrug,

Für einen aufgeklärten Menschen gar
grober Unfug?

Wo sind sie denn alle nur geblieben,

Die man aus ihrem Fleisch hat
vertrieben?

Nur Götter wandeln in ewiger
Transzendenz.

Sterbliche peinigt die temporäre
Existenz.

Zwischen Hoffen und Verzagen dürfen
wir es wagen,

Uns bei unserem Erzeuger unterwürfig
zu beklagen.

Ist es nicht frivol, uns das
fleischgewordene Leben zu geben,

Um nach kurzer Zeit es uns wieder
brutal zu nehmen?

Wie sinnvoll ist dieses trostlose, irdische
Leben?

Wonach sollen wir denn mit heißem
Herzen streben?

Es gibt keine Antworten auf diese
quälenden Fragen.

Sollte man sie nicht aus seinem
Bewusstsein verjagen?

Ängste

Angst erdrückt dich wie eine
Würgeschlange.

Die Atmung fällt schwer. Dir wird heftig
bange.

Die Zukunft scheint in Nebelschwaden
eingehüllt.

Hoffentlich werden deine Befürchtungen
nicht erfüllt.

An steilen Abgründen bist du schon
entlang gegangen.

Trostlos war der Himmel über dir und
dicht verhangen.

Eiskalt blies dir ein steifer Sturmwind
ins Gesicht.

Hilflos fühltest du dich vor dem
Scherbengericht.

Schickt man dich wieder in den nervigen
Folterknast?

Was du noch tun kannst, wird dir zur
schweren Last.

Du sehnst dich nach harmonischen Glücksgefühlen.

Doch in dir drin Ängste wie Kanalratten gierig wühlen.

Wann wirst du endlich wieder froh und frei?

Wann ist die bleierne Zeit der Drangsal vorbei?

Doch die Laune des Schicksals muss jeder ertragen.

Nicht einmal Heilige können die Götter verklagen.

Natur

Regenzeit

Der Sommer will einfach nicht kommen.

Mein Herz ist schon länger beklommen.

Nur Regen und Regen an allen Tagen.

Man kann sich kaum aus dem Hause
wagen.

So habe ich mir den Sommer wahrhaftig
nicht vorgestellt.

Wer hat nur diese Wettermisere bei
Petrus bestellt?

Ständig glänzen die Wiesen und Straßen
regennass.

Bis zum Überlaufen gefüllt sind Zisterne
und Fass.

Steht denn ein Katastrophensommer
bevor?

Die ärgerliche Frage dröhnt in meinem
Ohr.

Noch hoffe ich trotzdem auf die
Wetterwende

Und dass alles noch erfährt ein gutes
Ende.

Manchmal müssen wir in unserem
Leben

Auch frustrierende Zeiten widerwillig
durchleben.

Doch nie und nimmer sollten wir
vorzeitig aufgeben.

Sollten wir nicht auch dem launischen
Petrus vergeben?

Klimakrise

Der ersehnte Sommer ist endlich
angekommen,

Doch fühle ich mich wegen der Hitze
recht beklommen.

Eine kräftige Sonne heiß und
unbarmherzig brennt

Krass und fordernd aus wolkenlosem
Firmament.

Bleibe heute wohl lieber still in meinem
Haus

Und gehe eher in der Morgenkühle ins
Freie hinaus.

Ja, man sollte jetzt nichts waghalsig
riskieren

Und Herz und Kreislauf unnötig
provozieren.

Der Klimawandel schafft diese
ungewöhnlichen Kapriolen.

Der leibhaftige Teufel sollte diese
gefährlichen Extreme holen.

153

Sie schaden erkennbar schon länger
Mensch und Tier.

Verderben Ernten, erzeugen
unerträgliche Trockenheit auch hier.

So kann es wahrhaftig nicht
weitergehen.

Die Menschheit sollte endlich verstehen,

Dass sie sich schaufelt ihr eigenes Grab,

In das sie bald recht brutal stürzt hinab.

Propagandaphrasen

Nur Regenschauer und nochmals
Regenschauer –

Das macht auf Dauer auch den
Geduldigen sauer.

Nur schon weit, weit im 19. Jahrhundert
zurück,

Gab's mit Verlaub ein ähnliches
„Wasserglück".

Kaum gehe ich entschlossen aus
meinem Haus,

Machen schwarze Wolken mir den
Garaus.

Wie lange kann ich so etwas noch
aushalten?

Mein Herz beginnt schon langsam zu
erkalten.

Wem macht es Spaß, durchnässt über
Pfützen zu springen?

Doch leider kann man hierüber täglich
sein Liedchen singen.

Kein Wunder, dass alle sehnlichst
warten auf eine Wende.

Wann kommen diese nassen Tage nur
zu Ende?

Vor Jahren musste ich mir die
dümmliche Botschaft anhören,

Ja, tausende von Claqueuren wollten sie
sofort beschwören:

Nur noch ganz wenig Regen wird in
Deutschland fallen.

Ob die wohl heute nur noch verschämt
in sich hineinlallen?

Klimawandel?

Täglich nur noch ständig Regenschauer

Machen das Gemüt recht sauer.

Doch heute bereitet die Sonnenwende

Dem tristen Wetter scheinbar ein Ende.

Aber in diesem Sommer muss man
skeptisch sein.

Viele Wochen sind frustrierend und
überhaupt nicht fein.

Felder und Wiesen allerorten in
Wassermassen versinken.

In reißenden Flüssen sogar Tiere und
Menschen ertrinken.

Oft verdecken regenschwere Wolken die
Sonne

Und stellen in Frage die ersehnte
Sommerwonne.

Schreitet der globale Klimawandel schon
voran?

Sind wir Menschen vielleicht doch
schuld daran?

Das aber sind komplizierte
Schicksalsfragen,

Die unser Gewissen ziemlich
schmerzhaft plagen.

Wer aber kann eine ehrliche Antwort
wagen?

Doch es kann keine Lösung sein, nur
laut zu klagen.

Das Blütenwunder

Holde Hortensie, du hast mein Herz
betört.

Alle schwarzen Gedanken hast du
abgewehrt.

Dein üppiges, hinreißendes Blütenkleid

Wird zum Inbegriff der vegetativen
Schönheit.

Du bist der edle Schmuck im blühenden
Garten.

Kann man mehr als dieses
Blumenwunder erwarten?

Dir entströmt ein lieblich-süßer,
schwerer Duft.

Langsam wabert er durch die würzige
Gartenluft.

Du natürliche Zierde vor einer grünen
Wand

Bist ziemlich einzigartig im bunten
Sommerland!

Deine wunderbare Erscheinung erfreut
mich Tag für Tag.

An dein schon baldiges Dahinwelken ich
nicht denken mag.

Doch auch des Menschen Leben verläuft
in dieser Bahn.

Dies aus Feigheit zu verdrängen, wäre
nichts als Wahn.

Daher sollten wir immer Anfang und
Ende als Einheit bedenken

Und uns stets Zuneigung, Freude und
innige Liebe schenken.

Gartenlust

Vögel in den Bäumen und Hecken

Hochgefühle in der Seele erwecken.

Du gibst dich ihnen gerne hin.

Sie schenken lieblichen Gewinn.

Bunte Blumen duften süß und schwer.

Ihr Geruch betört dich meistens sehr.

Der blühende Garten erfreut dein Herz.

Vergessen sind Ängste und Schmerz.

Du hörst dem Summen der Bienen zu.

Sie schwirren fleißig auf und ab im Nu.

Dein Herz geht auf und weitet sich.

Jetzt fuhlst du dich froh und frisch.

Der Lärm der Welt da draußen kümmert
dich nicht.

Im blühenden Garten hast du eine
andere Sicht.

Ach, könnte es doch immer so sein:

Duft der Blüten, Vogelgesang und alter
Wein.

Donnerwetter!

Dieser trübe Sommertag

Wird mir gewiss zur Plag'.

Schwüle macht sich breit.

Wie habe ich sie so leid!

Heute gilt es, sich klug zu schonen.

Arbeit dürfte sich wohl kaum lohnen.

Wer ist denn schon sehr entzückt,

Wenn der Kreislauf spielt verrückt?

Ja, bald wird es gewaltig gewittern.

Ängstliche beginnen schon zu zittern.

Grelle Blitze zucken in schwarzen
Wolken.

Ohrenbetäubende Donnerschläge folgen.

Dies ist ein für mich verlorener
Sommertag,

Wie ich ihn gar nicht zu genießen
vermag.

Doch manches muss man einfach
ertragen.

Ist es wirklich klug, jammervoll zu
klagen?

Klagen ist sinnlos.

Bisher ist der Sommer schlecht.

Das ist mir überhaupt nicht recht.

Durchkreuzt sind viele Urlaubspläne.

Schon nehme ich Zuflucht zur Häme.

Regen, immer nur Regen fällt

Auf unsere durchnässte Welt.

Das wird mir längst zum Überdruss.

Wann ist endlich damit Schluss?

Diesen Sommer habe ich bereits
aufgegeben.

Nach dem Süden will ich im Herbst mich
begeben.

Dort hoffe ich dann auf ein paar milde
Sonnentage,

An denen ich mich froh an schöne
Strände wage.

Über das Schietwetter zu klagen, macht
keinen Sinn.

Nur die Ortsveränderung verspricht
seelischen Gewinn.

Im Leben müssen wir starre Bindungen
kritisch hinterfragen

Und uns mit frischem Mut auch schöne
Stunden erjagen.

Die Allmacht der Natur

Mild ist der heitere
Morgensonnenschein,

Der heute fällt durch meine Fenster
herein.

Die dunklen Regenwolken ziehen sich
zurück.

Wer empfindet das nicht als kleines
Glück?

Doch noch ist eine gewisse Skepsis
angebracht.

Leider ändern sich schnell Wetterlagen
über Nacht.

Ich sehne mich nach lichterfüllten
Sommertagen.

Die regennassen Wochen waren zum
Verzagen.

Der helle Himmel vertreibt die
Wetterdepression.

Vorbei scheint die Zeit drückender
Stagnation.

Jetzt zieht es mich hinaus in die
lebendige Flur.

Die Seele braucht Erholung von der
nassen Diktatur.

Oft verlangt die Natur von uns demütige
Geduld,

Ansonsten verweigert sie uns ungnädig
ihre Huld.

Wir sind die Bittsteller vor ihrem
königlichen Thron.

Es anders zu sehen, wäre doch nur
törichter Hohn.

Die Natur gleicht aus

Heute ist die Hitze mit Verlaub ziemlich
brutal.

Arbeit in der prallen Sonne bedeutet
Qual.

Darum möchte ich mich möglichst
schonen.

Keine Anstrengung würde sich jetzt
lohnen.

Selbst die munteren Vögel machen eine
Pause

Und halten sich ermattet auf in ihrer
Vogelklause.

Auch die bunten Blumen ziehen ihre
Köpfe ein.

Werde mich gedulden bis zum
Mondenschein.

Nach schwülen Tropennächten wir uns
trotzdem sehnen.

Man könnte sich sonst im kalten
Nordnorwegen wähnen.

Alles in allem sollten wir in unseren
Breiten zufrieden sein.

Regen und Wind erfrischen die Luft und
machen sie stets rein.

Ja, Leute gibt es, die haben immer etwas
zu mäkeln,

Auch wenn sie sich müßig in der milden
Sonne räkeln.

Emsig suchen sie gerne immer nur nach
faulen Stellen

Und können damit Menschen guten
Willens arg verprellen.

Rauschhafter Traum

Schwülheiß zieht sich der trübe Tag
dahin.

Auf nichts gerichtet ist heute dein
müder Sinn.

Mattigkeit beginnt, dich langsam zu
vergrämen.

Tropische Feuchte scheint, alles in dir
zu lähmen.

Körper und Geist verlangen gebieterisch
nach Ruhe.

Die Wanderschuhe bleiben unberührt in
der Truhe.

Selbst zu essen fällt dir ungewöhnlich
schwer.

Wo nimmt man in der Hitze nur die
Konzentration her?

Wie ein mäandernder, träger Strom
fließt die Zeit

Durch ein schläfriges Land in eine
gefühlte Ewigkeit.

Noch im Wachsein träumst du einen
süßen Traum.

Was um dich herum geschieht, berührt
dich kaum.

Doch allzu bald stürzt du in die
Wirklichkeit zurück.

Vergangen ist das kurze, paradiesische
Glück.

Auch ein tiefer Rausch ist meist schnell
vorbei.

Doch solange die Flamme lodert, ist er
nicht einerlei.

Wetterlaunen

Wieder drückt tropische Schwüle

Auf die schon lädierten Gefühle.

Wohin soll das letztendlich führen?

Man könnte ständig nur explodieren.

Hoffentlich kommt bald eine
Wetterveränderung

Und gibt uns endlich wieder neuen
Schwung.

Ich sehne mich nach trockener, klarer
Luft,

Gewürzt von süßem Blüten- und
Blumenduft.

Das belastende Kreislaufwetter wird
vergehen,

Wenn frische Winde munter und
kraftvoll wehen.

Manchmal kommt der krasse Wandel
über Nacht.

Ist leben nicht einfach, wenn man die
Augen zumacht?

Für alles im Leben braucht man eine
Engelsgeduld.

Nur so erfährt man auch der Natur
geneigte Huld.

Wer zu vorschnell und unbeherrscht
agiert,

Zum Schluss vielleicht alles Erstrebte
verliert.

Die Macht der Zeit

Die Sommertage ziehen langsam
vorüber.

Längst schon verblüht ist der Flieder,

Die Kraft der Sonne hat nachgelassen.

Leichte Winde fegen durch die Gassen.

Steht der kühle Herbst schon bereit?

Noch ist nicht gekommen seine Zeit.

Der Altweibersommer wird uns noch
beglücken.

Munteres Bienensummen soll mein Ohr
entzücken.

In vollen Zügen genieße ich meinen
üppigen Garten.

Regen und Stürme müssen noch ein
Weilchen warten.

Irgendwann jedoch bläst unbarmherzig
der kalte Boreas.

Dann werden Stoppelfelder und braune
Wiesen nass.

Doch was mich am meisten quält, ist die
flüchtige Zeit.

Es ist die unausgesprochene Wende, das
nichtige Ende.

Die launische Zeit rinnt wie Wasser
durch die Finger.

Worauf du auch wartest, wird es nicht
immer schlimmer?

Die Hoffnung verfault zu modrigem Laub
mit der Zeit.

Hörst du Fanfarenklänge und
Trommelschlag? Ist es soweit?

Auch ein Herkules könnte die grausame
Zeit nicht aufhalten.

Denn durch sie starke Schicksalsmächte
ewig walten.

Hochsommerliche Hitzetage

Gespenstische Ruhe vor dem Sturm

Vertreibt in seine Röhre selbst den
Wurm.

Am Himmel zucken grelle Kugelblitze.

Beendet das Gewitter jetzt die Hitze?

Schwül-heiß waren die letzten Tage.

Erdrückend war die ganze Wetterlage.

Schon morgens spielte der Kreislauf
verrückt.

Da ist man wahrhaftig nicht mehr
entzückt.

Vielleicht kommt nun die große Wende

Und bereitet der Hitzeperiode ein Ende.

Die glühend-heissen Stunden lähmen.

Die Lebensfreude können sie vergrämen.

Extreme sind doch immer schlecht.

Denn wem ist es schon wirklich recht,

Wertvolle Zeit nur dösend zu
verbringen? -

Doch niemals lässt sich Petrus zwingen.

Heilung durch Sonnenschein

Milder Spätsommersonnenschein

Bringt Lebensfreude in mein Herz
hinein.

Meine Gedanken werden langsam heiter.

Der verengte Horizont wird wieder
weiter.

Trübe Wolken werden jetzt schnell
verdrängt.

Sie haben meinen Geist sehr
eingeschränkt.

In noch belaubten Zweigen säuselt der
Wind.

Ob ich in diesen schönen Stunden Ruhe
find?

Seit Tagen quälen mich ernstlich
schwere Sorgen.

Wer kann mir noch Trost und
Seelenfrieden borgen?

Wird der Sommertag einen geknickten
Zweig aufrichten?

Kann man denn die Natur zu Leistungen
verpflichten?

Ermattet biete ich mich als Kranker
demütig an.

Ihre natürliche Heilkraft nehme ich
dankbar an.

Körper und Seele vereinigt die Kraft der
Sonne.

Tief im Bewusstsein erzeugt sie heitere
Wonne.

Vogelgesang

Trüb und dunkel ist der Tag.

So wie ich ihn gar nicht mag.

Die Seele stemmt sich gegen den Frust.

Vorbei ist endgültig die Sommerlust.

Kein Vogel zwitschert in den Hecken.

Ob sie sich jetzt schon Herbst müde
verstecken?

Oder wollen Sie mich nur necken?

Was wollen Sie damit bezwecken?

Ich habe sie stets gefüttert und gepflegt,

Denn ihr munterer Gesang hat mein
Wohlbefinden angeregt.

Sie sind die Zier in meinem Garten.

Jeden Morgen kann ich es kaum
erwarten,

Bis sie mit vielstimmigen Liedern

Ihren Dank für die Körner erwidern.

Freie Geschöpfe der Natur! Sie gehören mir nicht.

Doch gerne nehme ich sie in Brot und in die Sangespflicht.

Denn sie verschönern mein Gartenglück.

Wenn ich Ihnen lausche, kommt die Lebensfreude zurück.

Liebe

Liebe und Liebelei

Rote Rosen sind das uralte Sinnbild der Liebe.

Ihre Blüten sollen veredeln die menschlichen Triebe.

Denn die Liebe ist leider nicht immer stabil.

Viele verlangen von ihr entschieden zu viel.

Sie wünschen sich, dass alles so wie am Anfang bliebe

Und verwechseln häufig Liebelei mit wahrer Liebe.

Doch dann werden sie schmerzhaft eines Besseren belehrt.

In ihrer Welt der Illusionen ist plötzlich alles grundverkehrt.

Natürlich hat der andere immer die große Schuld daran,

Dass es trotz ehrlicher Liebesmüh nicht klappen kann.

Sie fragen sich: Wo sind sie falsch
abgebogen?

Haben sie sich selbst und andere
belogen?

Meist stürzen sie sich vorschnell in neue
Liebesabenteuer.

Sie wollen vergessen und hoffen auf neu
entfachte Feuer. –

Doch wahre Liebe braucht viel Geduld
und Zeit.

Ein neues Strohfeuer verschärft nur das
alte Leid.

Der frühe Sommersonnenschein

Wie mild schon früh am Morgen die
Sonne scheint!

Schande über den, der jetzt noch heiße
Tränen weint!

Im Garten schwirren die Falter und
Hummeln,

Sich fleißig an alle den schönen Blüten
tummeln.

Schon ist die Luft erfüllt von würzig-
süßem Duft.

Er wabert langsam durch die noch
frische Morgenluft.

Einen solch gesegneten Morgen begrüßt
mein Herz.

Dann ist es losgelöst von Sorge und
allem Schmerz.

Mit einer frisch gebrühten Tasse
aromatischen Kaffee

Vergisst man schnell den Weltschmerz
und das Weh.

Dieser herrliche Morgen gehört allein
nur mir.

Doch wenn du gut zu mir bist, teile ich
ihn mit dir.

Allein zu genießen, ist immer nur die
halbe Miete.

In der gelungenen Partnerschaft liegt
harmonischer Friede.

Zwei Herzen schlagen in Liebe vereint
für einander,

Schnell lösen sich auf Missverständnis
und schräges Durcheinander.

Liebe lebenslang!

Nimm mich sanft an die Hand

Und entführe mich ins Wunderland.

Noch einmal will ich die Liebe erleben.

Feurig soll mein altes Herz im siebten
Himmel schweben.

Warum sollte ich mich schämen?

Wovor sollte ich mich grämen?

Wer mein Alter höhnisch verachtet,

Vielleicht schon bald nach Liebe
schmachtet.

Liebeslust bemisst sich nicht allein nach
Jahren.

Maßvoll lässt sich Liebeskraft im hohen
Alter bewahren.

Auf jeden Fall ist der Mensch für die
Liebe gemacht.

Wer dies töricht leugnet, wird
schmählich verlacht.

Niemals möchte ich auf innige Liebe
verzichten.

Ihr Verlust würde mich geradewegs
vernichten.

Ohne Liebe macht das Leben keinen
Sinn.

Was verspricht dann noch echten
Gewinn?

Eifersucht in jungen Jahren

Und wieder hast du eine Nacht

Ganz allein mit dir verbracht.

Die Geliebte ist verschwunden.

Sie hat dein Herz zerschunden.

Das Alleinsein fällt dir schwer.

Die Ungewissheit quält dich sehr.

Du denkst an die Zeit im Liebesglück.

Doch niemals holst du es zurück.

Du grübelst ziellos und stur vor dich
hin.

Üble Gedanken kommen dir in den Sinn.

Könntest du doch nur die Zeit
zurückdrehen,

Bräuchtest du nicht auf heißen Kohlen
gehen.

Sie ist mit dem Anderen jetzt
zusammen.

Dein eifersüchtiges Hirn steht in
Flammen.

Warum hat sie dich so schmählich
verlassen?

Du marterst dich und wirst es niemals
fassen!

Liebeskummer

Irgendwann erfährt jedes Herz

Den stechenden, tiefen Schmerz

Der jäh verlorenen, frühen Liebe.

Willkürlich verteilt das Schicksal Hiebe.

Die Lebensfreude scheint auf immer
verloren.

Noch war der Wein der ersten Liebe
unvergoren.

Narben bleiben für lange Zeit in der
Seele zurück.

Doch mit Geduld stellt sich ein neues
Liebesglück.

Daher darf man niemals zu schnell
verzagen.

Die Niederlage ermutige dich, sogar
mehr zu wagen.

Niemals darfst du weichen, vor dem
Schicksal wanken.

Deine Seele wird dir den mutigen
Widerstand danken.

Irgendwann wird dir wieder Liebesfreude
gegeben.

Sie bringt dein verwundetes Herz zum
Beben.

Was einmal war, soll bald vergessen
sein.

Spüle es hinunter mit einem Glas süßen
Wein.

Laura

Heute ist dir restlos klar,

Nichts wird wieder wie es war.

Herrlich waren die alten Zeiten.

Gründe gab's, dich zu beneiden.

Doch das hast du nicht kapiert.

Hast dich öfter sinnlos geniert.

Leider warst du recht schüchtern.

Unsicher warst du, vor allem nüchtern.

Der Griff zum hochprozentigen Alkohol

Machte, dass du dich fühltest wohl.

Im Alkoholdunst bewegtest du dich
geschickt.

Doch war dieses Verhalten nicht
verrückt?

Jahre hat der Zustand gedauert.

Schier wärst du daran versauert.

Dann kam die Rettung aus dem Knast.

Von der Seele fiel die schwere Last.

Laura trat engelsgleich in dein Leben ein,

Befreite dich von Angst und Pein.

Jetzt warst du nicht mehr allein.

Endlich war vorbei das einsam Sein.

Diamantene Liebesschwüre

Im alten Herzen wohnt immer noch die
Liebe.

Sie ist viel stärker als alle heißen
Jugendtriebe.

Sie hat sich über die vielen Jahre klar
bewährt.

Nie haben die Liebenden ihre Gefühle
entehrt.

Liebesschwüre sollten sein wie
Diamanten,

Ewig glänzende, unzerstörbare
Girlanden.

Alles unterliegt dem strengen Diktat der
Zeit.

Manches Versprechen kapituliert vor
seelischem Leid.

Doch unsere Eide sollen uns durch das
Leben tragen,

Gedanken der Untreue stets
entschlossen verjagen.

Diamanten behalten für immer ihren
Wert.

Ist es ein Wunder, dass man sie verehrt?

Die Karate des liebenden Herzens sind
schwer zu ermessen.

Menschen neigen dazu, ihre Schwüre
bald zu vergessen.

Doch der leuchtende Diamantring wird
ewig bestehen.

Niemals wird seine glitzernde Strahlkraft
vergehen.

Das Risiko der Erinnerung

Längst verblüht ist schon der duftende
Flieder.

Doch noch immer singst du heiße
Liebeslieder.

Beschwörst du damit die alten Gefühle
wieder?

Knie vorm Altar prickelnder
Erinnerungen nieder.

Du willst so eine Liebesmesse
zelebrieren.

Lässt sich denn vergangene Liebe
inszenieren?

Die Gralssuche wird leider vergeblich
sein.

Zu Essig wurde der vergorene, junge
Wein.

Du beschwörst die bittersüßen Bilder
der Vergangenheit.

Doch sie gebären nur noch neues,
schmerzendes Leid.

Auch alte Narben brechen wieder ätzend
auf,

Lässt du deinen Gedanken jetzt
zügellosen Lauf.

Ein kalter Wind wird spitze Sandkörner
in deine Augen wehen.

Am Strand der Sehnsucht wirst du
trostlos stehen?

Wer befriedigt dein brennendes,
unstillbares Verlangen?

Willst du riskieren, um deine geistige
Gesundheit zu bangen?

Memories of Love

Wir gingen beide Hand in Hand

Verliebt im duftenden Maienland.

Hatte uns das Schicksal auserkoren?

Ja, wir hatten ineinander uns verloren.

Sag mir, was kann denn noch schöner
sein,

Als verliebt zu spazieren im
Sonnenschein?

Die Vogelschar sang munter in den
blühenden Hecken.

Wollte sie das Feuer der Leidenschaft in
uns erwecken?

Wir küssten und herzten uns von früh
bis spät.

Nie hätten wir einen heißen Kuss
verschmäht.

Selig ruhten wir auf unserem
Liebeskissen.

Was sollten wir denn schmerzlich
vermissen?

Liebende schaffen sich ihre eigene Welt.

Was liegt ihnen schon an Ruhm und
Geld?

Solange sie sich heiß in den Armen
liegen,

Wird sie kein Schicksalsschlag je
besiegen.

Liebesarbeit

Seltsam ist das Spiel der echten Liebe,

Schenkt uns Freuden, verteilt auch
Hiebe.

Oft endet unser Streben nach Liebeslust

In quälendem, zerstörerischem
Liebesfrust.

Wer kann schon die Garantie geben,

Dass die Liebe gelingt in unserem
Leben?

Bitter kann das hässliche Ende sein,

Voll heißer Tränen und ja so gemein.

Haben wir immer alles für die Liebe
getan?

Oder lebten wir sorglos im kindischen
Wahn,

Dass sich alles stets von ganz alleine
richtet,

Dachten, wir wären zu nichts
verpflichtet?

Auch die Jahre der Liebe sind nicht
selbstverständlich.

Alles erscheint im Nachhinein flüchtig
und sehr endlich.

Jedes Ding hat seine vorgegebene,
schicksalhafte Zeit.

Beachtest du das nicht, erfährst du
großes Liebesleid.

Sehnsucht

Die Liebeslieder sind längst verklungen.

Ich habe sie aus voller Kehle gesungen.

Wie schön war doch die Zeit im Mai!

Aber die tollen Jahre sind vorbei.

Was noch bleibt, ist die süße
Erinnerung.

Sie gibt der alten Sehnsucht wieder
Schwung.

Doch drückt auch manchmal tiefer
Schmerz.

Es zieht sich zusammen, das wunde,
sehnende Herz.

Die wahre Liebe wird uns vielleicht nur
einmal gegeben.

Amor verärgert uns durch seinen Geiz in
diesem Leben.

Darum vergesse man nie, den Becher
voll auszutrinken.

Wer weiß, ob einem das Liebesglück
wird erneut zuwinken?

Die Liebe auf den ersten Blick ist ein
riskantes Roulette-Spiel.

Rollt die trügerische Kugel, weißt du
noch nicht sehr viel.

Sie kann dir den Höchstgewinn launisch
bescheren.

Aber auch die Seele mit harter
Enttäuschung beschweren.

Klage

Klimakontrollverlust

Die Hitze ist eine große Gefahr.

Sie wird uns quälen. Das ist wahr.

Sitzen wir schon in der Klimafalle?

Scheinbar glauben es nicht alle.

Noch sind vielleicht Zweifel angebracht.

Doch manches kann sich ändern über
Nacht.

Was aber, wenn wir die Kontrolle
verlieren?

Wird die Hitze uns alle grausam
liquidieren?

Warum scheuen wir die Klimawende?

Verbrennen Öl und Gas ohne Ende?

Wir gefährden so unsere Existenz.

Leider tun wir es mit Konsequenz.

Raffgier Geist und Seele schon immer
vergiften.

Wen wundert's, wenn wir in die Hölle
abdriften?

Die Erde könnte zu einer zweiten Venus
werden.

Dann wäre es vorbei mit dem Leben auf
Erden.

Das grausame Spiel

Was ist das für ein Spiel, das man mit
uns lustig treibt,

Bevor man uns eines schönen Tages
wieder entleibt?

Irgendwann muss das Fleisch vom
morschen Knochen.

Es wird passieren, auch wenn wir aufs
Gegenteil pochen.

Was soll das uralt sinnlos neckische
Spiel?

Wem macht es Spaß? Wem nützt es viel?

Es könnte die Erfindung sadistischer
Mächte sein,

Die sich genüsslich weiden wollen an
unserer Pein.

Man gewährt uns großzügig manches
Jahr der Illusion.

Doch es ist leider wahr. Am Ende haben
wir nichts davon.

Wir stehen zum Schluss vor einem
Scherbenhaufen.

Man könnte sich vor heiligem Zorn die
Haare raufen.

Alles, was wir sehnsüchtig erträumt
oder auch gemacht,

Wird radikal zertrümmert in einer
einzigen Schicksalsnacht.

Fragst du immer noch naiv nach dem
Ziel des Lebens?

Überzeuge mich vom Nutzen eifrigen,
menschlichen Strebens!

Leben ist träumen.

Die Jahre drücken wie Granitblöcke auf
deine Brust.

Verhindern kannst du nicht den
wachsenden Frust.

Sei ehrlich! Du hast es schon längst
gewusst.

Jedes vergangene Jahr empfindest du
als Verlust.

Am Ende steht gewiss der schmerzhafte
Untergang.

Genau das lässt das Herz stolpern und
macht es bang.

Du musst dich wie alle vorher mit den
Realitäten abfinden.

Niemandem gelang es jemals, das
Schicksal zu überwinden.

Wie schnell doch das kurze
Menschenleben vergeht!

Für grundlegende Veränderungen ist es
jetzt zu spät.

Es macht dich traurig, dass der Weg zu
Ende geht.

Der brutale Nordwind bereits spürbar in
die Seele weht.

Waren nicht einst heiß deine bunten
Blütenträume?

Viele entpuppten sich schließlich als
leere Schäume.

Doch wir brauchen diesen süßen
Selbstbetrug.

Niemals bekommen wir von diesem Gift
genug.

Keine Wahl

Warum schüttet es schon wieder?

Wann darf ich singen meine
Sommerlieder?

Es regnet in die Seele hinein.

Dagegen hilft nur alter, schwerer Wein.

Ach könnte ich nur südliche Gefilde
aufsuchen!

Dann müsste ich nicht über dieses
verkorkste Wetter fluchen.

Doch häufig haben wir keine Wahl

Und müssen erleiden bittere Qual.

Vor allem im Alter ist man allein auf sich
gestellt.

Einsamkeit und Schmerzen! Ja. Man hat
sie nicht bestellt.

Am Ende erscheint dir alles nur noch
vergällt.

Alles auf der Erde zu wertlosem Staub
zerfällt.

Es gibt keine Möglichkeit zur Flucht.

Ist diese Gefangenschaft nicht verrucht?

Viele Menschen verschreiben sich der
Illusion.

Sag mir! Was haben sie davon?

Altersschmerzen

Das hohe Alter ist eine schwierige Zeit,

Bewirkt viel Kummer und manches Leid.

Doch niemand kann die Uhr
zurückdrehen.

Auch hilft es nicht, zu den Göttern zu
flehen.

Man muss sich mit Schwäche und
Krankheit abfinden.

Altersbedingte Frustrationen sollte man
überwinden.

Gar manche Pläne gehen leider auf in
Rauch und Schall

Drohend baut sich oftmals auf lästiger
Gedankenschwall.

Er reißt den Alten in den Wirbel
ätzender Emotionen.

Niemand wird ihn für seine
Seelenkämpfe belohnen.

Ein Methusalem, der kritisiert und
provoziert, wird häufig ignoriert.

Wenn er sich nicht rechtzeitig isoliert,
wird er exiliert.

Am Ende seines Weges ist er dann meist
ganz allein.

Die Altenheimrobinsonaden empfindet er
als gemein.

Sind sie die makaber hässlichen
Schlussakkorde des Lebens,

Dann waren alle seine Mühen und
Hoffnungen grundvergebens.

Kampf bis aufs Messer

Sorgenvoll bin ich wieder aufgewacht.

Finde keine rechte Ruhe in der Nacht.

Krebsängste machen mich ganz kaputt.

Zerbröseln Körper und Seele zu Schutt.

Wie komme ich aus der Falle heraus?

Oder macht mir die Krankheit den
Garaus?

Man kann einiges tun, damit es nicht
passiert.

Man kann sich anstrengen, damit man
nicht verliert.

Doch zum Schluss entscheidet die
Schicksalsmacht.

Ihre Willkür hat schon manchen um den
Verstand gebracht.

Dennoch muss ich immer auf den
eigenen Willen bauen.

Nur auf ihn allein kann ich im Ernstfall
blindlings vertrauen.

Der Croupier Schicksal lässt die Kugel rollen wie im Roulette.

Das finde ich, einst **Homo ludens**, von Furcht gepeinigt, gar nicht nett.

Vielleicht verlasse ich das Casino des Lebens als klarer Sieger.

Denn noch wütet in mir die schiere Lebensgier wie ein wilder Tiger.

Noch und nochmals noch

Noch immer bist du geschwächt.

Gartenarbeit ist dir gar nicht recht.

Die Hämoglobinwerte sind niedrig.

Das macht vieles schwer und widrig.

Wann endlich kommt die große Wende?

Wann kommen die verfluchten Ängste
zu Ende?

Alles bestimmt das lebenserhaltende
Hämoglobin.

Das ist das entscheidende Protein, dem
ich dien'.

Vom ihm allein hängt mein Wohl und
Wehe ab.

Steigen die Werte nicht, muss ich ins
Grab hinab.

Doch werde ich mich mit allen Kräften
bemühen,

Um diesem Schicksalsschlag trefflich zu
entfliehen.

Noch habe ich die Hoffnung nicht ganz
verloren.

Noch ist der Wein des süßen Lebens
nicht ausgegoren.

Noch gibt es Dinge, die haben
wahrhaftig immer viel Zeit.

Noch ist mein lebensgieriges Herz zum
Abgang nicht bereit.

Gegen die Depression

An diesem Augusttag ist fahl das
Morgenlicht.

Nur mühevoll es durch die dunklen
Wolken bricht.

Kein Wunder, dass die Lethargie nicht
weichen will.

Worauf wartet die Natur? Warum verhält
sie sich so still?

An einem solchen Morgen lauert die
Depression.

Sie ist der bedrückenden Melancholie
bitterer Lohn.

Wie gerne würde ich munteres
Vogelgezwitscher hören

Und mich am lebensfrohen Gesang der
Vögel betören!

Alles schleppt sich bleiern zäh und träge
dahin.

Schwarze Gedanken kommen mir in den
Sinn.

Doch gegen sie will ich mutig in den
Kampf ziehen.

Vor dem Altar der Tränen werde ich
nicht niederknien.

Ich will die innere Flamme zur rechten
Zeit anzünden.

Wer zu kämpfen bereit ist, kann vieles
überwinden.

Das Schiff nur kentert, wenn man es zu
früh aufgibt.

Feigheit vor dem Feind der Kriegsgott
niemals vergibt.

Schlaflose Nächte

Mühlsteine legen sich schwer auf deine
Brust.

Sie vermehren hart des monotonen
Tages Frust.

Noch bist du nicht bereit für die Maden
oder Flammen.

Solch schreckliche Gedanken willst du
verdammen.

Noch jagst du erwartungsvoll nach den
Freuden des Lebens.

Auch reiner Zeitgewinn erscheint dir
längst nicht vergebens.

Könntest du nur die Ängste vertreiben,
die nie du vergisst!

Ist es die verfluchte Therapie, die dich
langsam zerfrisst?

Doch du musst dich mit allem
bereitwillig arrangieren,

Sonst könntest du den Kampf um dein
Leben verlieren.

Nacht für Nacht hast du schlaflos mit
Grübeln verbracht.

Niemals in den Jahren zuvor hast du an
so etwas gedacht.

Die Monate und Tage zehren schon
deutlich an der Kraft.

Versiegen die Quellen, die einst
spendeten den Lebenssaft?

Doch du willst noch lange leben, fast um
jeden Preis.

Nur dein Schicksal bestimmt. Nichts
macht dich heiß.

Lichtstrahl

Ein Hoffnungsschimmer die düsteren
Wolken endlich durchbricht.

Bereitwillig nehme ich ihn in die Pflicht

Die Gier zu überleben, ist ungebrochen
und riesengroß.

Doch nichts fällt mir wie reife Früchte in
den Schoß.

Der Überlebenskampf beginnt erst jetzt.

Wenn es Belohnung gibt, dann nur
zuletzt.

Natürlich ist der Ausgang offen.

Doch ich will immer unverzagt hoffen.

Wie ein Ertrinkender klammere ich mich
an Treibgut.

Noch kocht in mir die Reue und die Wut.

Warum nur habe ich unbelehrbar und
stur gewartet,

Bis leider hinterlistige Karzinome sind
entartet?

227

Hätt' ich arglos Unwissender Warnungen
nicht in den Wind geschlagen,

Könnt' ich die Megamonster jetzt besser
verjagen.

Doch wer holt schon die Vergangenheit
zurück,

Selbst wenn er permanent wandelte in
Chronos Glück?

Im Wirbel

Ich treibe dahin auf einem ruderlosen
Schiff

Und schramme hart vorbei an einem
zerklüfteten Riff.

Das Boot kann jederzeit zerschellen.

Es schaukelt krängend in mannshohen
Wellen.

Die Gefahr ist riesengroß.

Bin ausgeliefert. Was mach' ich bloß?

Warum ist die Natur so ungnädig mit
mir?

Vielleicht war ich sündhaft und oft
unflätig zu ihr.

Doch nun ist es zu spät für reuige
Korrekturen.

Naiv war ich wie spielerische Lemuren,

nichtahnend wie der Schicksalsschläge
Macht

Alles tiefgreifend umwälzt über Nacht.

Schwefel und Feuer fielen vom Himmel
herab.

In meiner Angst erblicke ich mich schon
im Grab.

Auf einer steilen Achterbahn rast die
geschundene Seele dahin.

Noch bin ich nicht bereit und klammere
mich an Zeitgewinn.

Dämonie

Unruhige Geister rumoren ständig in der
Nacht.

Sie halten an deinem zerknüllten Bett
sadistische Wacht.

Haben sie dich schon um den Verstand
gebracht?

Oder hast du sie stets frech ausgelacht?

Schlimme Träume quälen dich
unablässig.

Warum sind die Visionen nur so
gehässig?

Sie wollen dich wie Sisyphus an den
Marterfelsen ketten.

Wer könnte dich noch vor ihren
Grausamkeiten erretten?

Befreie deinen Geist und gib ihnen keine
Chance.

Nur so entkommst du der
halluzinatorischen Trance.

Auch der größte Schrecken erfährt ein Ende.

Schau mit Gottvertrauen auf die Schicksalswende.

Lament

The tides roll in and out.

What are you thinking about?

Reflecting on the senselessness of life?

What are we living for? What is the
meaning of this brutal strife?

If you know

Let it show.

Do not conceal it from me.

Reveal it. Set me free.

I feel like Adam driven out of paradise.

Thorny weeds grow around me like
poisonous lies.

The lake of fire is full of hellish flames.

Why does the creator play these
malicious games?

My time seems to be spent.

My weak backbone broken and bent.

Is there still any hope

Beyond that cancerous desert slope?

NACHTGEDANKEN

Böse, hitzige Nachtgedanken

Bringen das Gleichgewicht gefährlich ins Wanken.

Doch warum soll ich mich betrügen

Oder ständig nur selbst belügen?

Auch die Verstellung ist kein gutes Ruhekissen.

Denn sie wird bald von der Realität zerschlissen.

Ja, die Diagnosen sind leider ziemlich brutal.

Sie riechen streng nach körperlicher Qual.

Der Weg scheint steinig und unfassbar schwer.

Unter all den Ängsten leide ich wahrhaftig sehr.

Noch kenne ich nicht des Jammers
ganze Bahn.

Sind meine positiven Gedanken doch
nur Wahn?

Daran mag ich heute noch nicht
glauben,

Auch wenn schwarze Gedanken mir den
Schlaf rauben.

Ich hoffe auch unter schwierigsten
Umständen auf Zeitgewinn.

Bescheiden scheint die Vorstellung.
Doch sie allein verspricht Gewinn.

Zeit, Zeit, du gehst mir nicht aus dem
gemarterten Sinn.

Das Leben

Hammerhart und voller Sorgen ist unser
kurzes Leben.

Ob wir jauchzen oder klagen, es wird
nur einmal gegeben.

Dann versinken wir in ewige
Vergessenheit.

Zu Asche verbrannt werden der Ehrgeiz
und das Leid.

Zum Schluss bleibt nur ätzender Rauch
und Schall

Und des Priesters formelhafter
Predigtschwall.

Mit dem totalen Verlust müssen wir uns
zufriedengeben.

So ist nun mal bei ehrlicher Betrachtung
alles Leben.

Trotzdem sollten wir nicht in
Melancholie verfallen

Und nur vom Niedergang und der
Sinnlosigkeit lallen.

Wir bewegen uns im Schatten, aber
auch in der strahlenden Sonne.

Viele unserer Jahre sind erfüllt von
Freude und wohliger Wonne.

Das Auf und Ab des Lebens sollten wir
als Abenteuer betrachten

Und dürfen die schönen Dinge, die es
uns bietet, niemals verachten.

Das sind wir allein schon der
Einmaligkeit unseres Daseins schuldig.

DOCH WER ERTRÄGT SCHON DAS
KOMMENDE NICHTS GEDULDIG?

Politik

Deindustrialisierung?

Vieles läuft in der Politik zurzeit
scheinbar verkehrt.

Verschleiernde Sprachregelung
Einblicke erschwert.

Führt man bewusst den Bürger an der
Nase herum?

Sein geistiger Rücken ist dadurch schon
recht krumm.

So schädigt man auf Dauer die liberale
Demokratie

Und provoziert den braven Wähler wie
noch nie.

Auch in der Wirtschaft ist es nicht zum
Besten bestellt.

Leider fehlt an allen Ecken das ach so
liebe Geld.

Deindustrialisierung heißt das
gefährliche neue Wort.

Selbst Traditionsbetriebe zieht es ins
Ausland fort.

Umweltvorschriften, Steuerlast und
uferlose Bürokratie

Ökonomische Schäden zwingen uns
erkennbar in die Knie.

Hat man wirksame Pläne, um aus dem
Tief herauszukommen?

Was man täglich hört, macht die Herzen
eher beklommen.

Angst vor großem Wohlstandsverlust
zeichnet sich ab.

Die Negativspirale zieht uns spürbar
immer weiter hinab.

Bürgergeld

Manche treiben es gar lustig und toll.

Sie bekommen den Kanal niemals ganz
voll.

Nachts Highlife und morgens im
Bettchen liegen.

Macht nichts. Man kann ja sattes
Bürgergeld kriegen.

So fördert die Politik die Faulenzerei.

Mit der Arbeitsmoral ist es schnell
vorbei.

Der Sozialstaat wird unnötig aufgebläht.

Die Arbeitsaufnahme wird lange
verschmäht.

Sind wir schon auf dem Weg zum
mühelosen Einkommen?

Wenn ich daran denke, wird mein Herz
ziemlich beklommen.

Arbeiten bedeutet immer mehr als nur Geldverdienst.

Diese banale Wahrheit ist niemals ein Hirngespinst.

Die meisten Menschen brauchen sinnvolle Beschäftigung zum Lebensglück.

Arbeitslosigkeit und Bummelei werfen sie seelisch immer zurück.

Volle Befriedigung erwächst aus einem erfüllten Erwerbsleben.

Wer gesund ist, sollte ohne Weiteres danach streben.

Politik als Beruf?

Sarkasmus pur!

Halt dich schlau heraus aus der Politik.

Denn sonst bricht man dir das Genick.

Ist dieser Rat verlogen oder richtig?

Was ist in unserer Gesellschaft wichtig?

Immer reizen Macht und Geld.

Beide zählen leider viel in dieser Welt.

So ist es schon von Anfang an bestellt

Und bleibt, bis alles in sich
zusammenfällt.

Sich anzustrengen, ist oft verlorene
Liebesmüh.

Viele Schlaumeier erkennen das schon
früh.

So drängen sie beizeiten ins Parlament
hinein.

Dort zu sitzen, ohne zu schwitzen, ist
recht fein.

Berufspolitiker zu werden, ist das
erklärte Ziel.

Machtpoker und prächtige Diäten gelten
viel.

Am Ende winkt gar eine fette, staatliche
Pension.

Sie ist der verzehrenden Anstrengungen
gerechter Lohn.

Vielleicht wirst du sogar zu einer
historischen Person,

Während man andere bald vergisst trotz
harter Fron.

Die Großen in den Annalen der
Geschichte

Sind eben memorabler als die
Alltagswichte.

Friedenssehnsucht

Es donnern ohrenbetäubend die
Kanonen.

Am Himmel schwirren blutgierige
Drohnen.

Putin will um jeden Preis den russischen
Sieg,

In dem von ihm begonnenen, fatalen
Krieg.

Menschen werden zu Hunderttausenden
abgeschlachtet,

Ihre Rechte mit Füßen getreten und
brutal missachtet.

Wie lange müssen Unschuldige wegen
imperialem Ehrgeiz leiden?

Was will man mit Strömen von Blut sich
und anderen beweisen?

Je mehr man sich in Orgien der
Grausamkeit verstrickt,

Der ersehnte Völkerfrieden dabei in
weite Ferne rückt.

Noch immer droht Europa ein nuklearer
Holocaust.

Dann wäre es mit der Zivilisation für
Generationen aus.

Fast alle Menschen sehnen sich nach
Wohlstand und Frieden.

Nur so ist ihnen und ihren
Nachkommen das Glück beschieden.

Wer guten Willens ist, der strecke die
lebensvernichtenden Waffen.

Nur so kann man langfristig und ehrlich
stabilen Frieden schaffen.

An die Stelle des bluttriefenden
Schwertes trete die Diplomatie.

Sie schafft den Kompromiss und zwingt
den Dämon in die Knie.

Warum vergisst man nur immer wieder
die Lehren der Geschichte,

Zerstört mutwillig die in zähem Ringen
aufgebauten Gleichgewichte?

Naht der große Krieg?

Die Nato-Beschlüsse erfüllen mich mit
Angst und Schrecken.

Was will man nur mit martialischem
Auftreten bezwecken?

Wenn man ehrliche Verhandlungen will,

Müssen die mörderischen Kanonen
schweigen still.

Treten muss an die Stelle des
Blutvergießens die Diplomatie.

Europa braucht den fairen Ausgleich wie
noch nie!

Wer immer noch auf einen vollen Sieg
setzt,

Realitäten in seinem Kalkül sträflich
verletzt.

Die Gefahr eines großen Krieges wächst
von Tag zu Tag.

Man beschwört bewusst herauf
vernichtende Plag'.

Leider wissen die Millionen nicht, was
ihnen droht.

Sie kennen aus eigenem Erleben weder
Tod noch Not.

Hätten sie doch nur die nötige Fantasie,

Vor der Apokalypse fielen sie auf die
Knie.

Sie würden Gott inständig bitten um
Frieden.

Mit Waffenarsenalen wird er nicht
beschieden.

Nessushemd der Anarchie

Das Leben ist leider ein Tränenmeer.

Das meiste verläuft einfach nicht fair.

Vieles kommt der Mehrheit ganz quer.

Das jedoch hasst sie wirklich sehr.

Wer kann je dem Wahnsinn entfliehen?

Niemals hat man einem Hiob verziehen.

Man will sich partout nicht im Spiegel
sehen.

Warum will man ehrliche Kritik nicht
verstehen?

Lieber bleibt man seinem starren
Weltbild treu.

Das aber ist weder überraschend noch
gar neu.

Auf dem Altar der Ignoranz zelebriert
man Ideologie.

Am Ende droht das giftige Nessushemd
der Anarchie.

Wer bewusst die Mitte stets ignoriert,

Sich selbst gesellschaftlich bald verliert.

Am Ende das politische Chaos
triumphiert.

Menschen werden zu Tausenden
exekutiert.

Die Welt verstehen

Das Leben ist leider ein Tränenmeer.

Das meiste verläuft einfach nicht fair.

Vieles kommt der Mehrheit ganz quer.

Das jedoch hasst sie mit Recht sehr.

Niemals kann man der Narretei
entfliehen?

Nie hat man dem Philosophen verziehen.

Man will sich nicht im Spiegel sehen.

Man will ehrliche Kritik nicht verstehen.

Lieber bleibt man seinem starren
Weltbild treu.

Das aber ist weder überraschend noch
gar neu.

Auf dem Altar der Ignoranz zelebriert
man Ideologie.

Am Ende drohen reaktionäre Hierarchie
oder Anarchie.

Die Freiheit siegt

Freiheit ist mehr als ein Wort.

Sie reißt alles mit sich fort.

Ohne Freiheit ist nichts gut.

Wenn sie fehlt, sinkt der Mut.

Es erlahmt die Schaffenskraft.

Schnell trocknet aus der Schöpfersaft.

Am Ende bleiben hässliche Trümmer.

Ohne Freiheit wird es immer schlimmer.

Die Freiheit ist das höchste Gut.

Wer sie einschränkt, erzeugt nur Wut.

Rächer haben sich schon auf den Weg
gemacht.

Sie kommen heimlich, still und leise in
der Nacht.

Niemand wird dann den Tyrannen
schützen.

Angstvoll wird er in seinem Bette
schwitzen.

Er wird die Zeche mit seinem Blut
bezahlen.

Das Volk aber jubelt, wenn er erleidet
Qualen.

Freiheit ist Lebensglück

Die Zeit läuft unbarmherzig ab.

Alles Leben sinkt ins Grab hinab.

Davor gibt es niemals eine Flucht.

Alle reißt sie weg mit brutaler Wucht.

Drum nutze klug deine Zeit.

Denn schon bald ist es soweit.

Niemand dreht das Rad zurück.

Vergeude nicht dein Lebensglück.

Du brauchst kein Opfer zu bringen.

Niemand kann dich dazu zwingen.

Jedoch werden Neider mit dir ringen,

Aus Frechheit dich ganz niederzwingen.

Doch du hast gelernt, dich zu wehren.

Niemand vermag dich zu entehren.

Freiheit ist zweifellos das höchste Gut.

Leider gebricht es vielen am frischen
Mut.

Trump-Ängste?

Trump-Ängste sind für viele real.

Alpträume werden zur bösen Qual.

Oder sind es Propagandalügen?

Will man uns hiermit nur betrügen?

Vielleicht ist er ein *weiser*, alter Mann,

Der auch manches Gute bewirken kann.

Daran müssen wir bei aller Skepsis
glauben.

Niemand soll uns die Hoffnung rauben.

Er will sein Land wieder großmachen.

Darf man diesen Mann verlachen?

Er wird seine Ziele rigoros durchsetzen,

Auch wenn viele die Messer wetzen.

Trump möchte Frieden schaffen

Mit Diplomatie und ohne Waffen.

Das wäre eine gottgefällige Mission.

Alle Menschen profitieren davon.

Der Hitzeteufel

Heute hat uns die Hitze stark geplagt.

Ist die Venushölle schon angesagt?

Haltet den Hitzeteufel unter Verschluss,

Sonst bringt er uns sicheren Verdruss.

Niemand unterschätze die tödliche Gefahr.

Vielleicht werden wir ihr schon bald gewahr.

Irgendwann können wir den Kipppunkt erreichen.

Wohin sollen wir dann vor dem Feuer entweichen?

Dann gibt es für alle keinen Weg zurück.

Zerstört für immer ist das Lebensglück.

Soweit jedoch sollten wir es nicht treiben.

Wer will sich und seine Kinder entleiben?

Wir müssen auf die Erneuerbaren
setzen,

Weil die Fossilen uns zerstörerisch
verletzen.

Wir haben vielleicht nicht mehr allzu
lange Zeit.

Allen droht der Untergang in Elend und
Leid.

Eitle Kommunikation

Wer weiß schon, was die Zukunft
bringt?

Alles in nebulösen Schatten versinkt.

Hinter dem Horizont lauern Gefahren.

Vor ihnen kann uns niemand bewahren.

Wenn wir die Macht in falsche Hände
geben,

Werden wir immer Niedergang und Not
erleben.

Politikergeschwätz heilt keine Wunden.

Nur durch Krisenbewältigung kann die
Wirtschaft gesunden.

Die Wahrheit kommt irgendwann mit
Macht ans Licht.

Mit schlimmen Folgen der Wahn in sich
zusammenbricht.

Oft durchschaut man viel zu spät das
törichte Geflüster.

Ignoranten ziehen leider alle schmierigen
Register.

Nur der kritische Blick in die
Vergangenheit erspart uns das Leid.

Der unbestechlichste aller Propheten ist
immer der Herr der Zeit.

Wer sich um ihn stark bemüht, wird
hieraus reichen Nutzen ziehen.

Vor allem muss er nicht in ein
Wolkenkuckucksheim fliehen.

Politik in der Krise?

Eine schwache Regierung macht große
Probleme.

Das kann man sagen ohne beabsichtigte
Häme.

Migrationskrise, Wirtschaftsstagnation:
EU-Schlussposition:

Durchschaubare Propaganda - was
haben die Bürger davon?

Um meine Stimmung nicht gänzlich zu
verdrießen,

Nenne ich keine weiteren,
offensichtlichen Krisen.

Erkennt man denn nicht, dass die
Hoffnung erlischt?

Will man nicht wissen, dass das
Vertrauen zerbricht?

Regierungs- und TV-Moderatoren-
geschwätz plausible Antworten verletzt.

Die Menschen fühlen sich mit ihren
Problemen durch den Alltag gehetzt.

Warum nur in Gottes Namen bietet man
Ideologien und keine Lösungen an?

Was sind die verfluchten Gründe, dass
man es einfach nicht richten kann?

Was hat man davon, wenn man Wählern
ein Trugbild vormacht?

Wer zweifelt daran, dass es sang- und
klanglos verschwindet über Nacht?

Dann liegt der Scherbenhaufen jedem
Bürger vor den Füßen.

Politiker, die falsche Wege beschreiten,
werden dafür an der Wahlurne büßen.

Kritik ist riskant

Demokratie ist für manche ein
schwieriges Wort.

In ihrem Verständnis hat es keinen
rechten Ort.

Nur was sie allein verkünden, ist richtig.

Alles andere ist verdächtig und nichtig.

Der Staatsschutz wird es schon richten

Und die Abtrünnigen auf die Verfassung
verpflichten.

So lebt es sich politisch angenehm in
der Demokratie.

Sie erscheint gegen alle Angriffe stabil
wie nie.

Wie lange das wohl noch gut geht,

Bevor ein anderer Wind weht?

Niemand kann das überzeugend sagen

Und derzeit eine riskante Prognose
wagen.

Die Zukunft wird es erweisen.

Immer ist Kritik ein heißes Eisen.

Drum halte deinen ungezogenen Mund.

Nur dann lebst du sorglos und gesund.

Politisches Versagen

Messerattacken nehmen täglich zu.

Mein Herz findet so kaum mehr Ruh.

Selbst drei kleine Mädchen wurden
geschlachtet.

Doch der Angreifer war geistig nicht
umnachtet.

Was trieb das Monster mit
Menschenantlitz an?

Religiöse Verblendung und Rassenhass
sind schuld daran.

Vielleicht wacht man nach solcher
Bluttat endlich auf.

Wenn nicht, nehmen weitere garstige
Verbrechen ihren Lauf.

Schnell erkennt man die Gründe in
grundfalscher Politik.

Wer nicht realistisch ist, erhält kapitale
Schläge ins Genick.

Doch leider büßen Unschuldige für die
große Dummheit,

Begangen von anderen aus falschem
Bewusstsein und Sorglosigkeit.

Werft die Waffen weg!

In der Ukraine tobt seit langem ein
blutiger Krieg.

Wem wird Mars verleihen den
endgültigen Sieg?

Noch wogen die schrecklichen Kämpfe
hin und her.

Ihren Ausgang zu erkennen, fällt
unendlich schwer.

Noch werden wohl Tausende getötet und
gequält.

Sie alle haben das Massensterben nicht
gewählt.

Ein grausamer Befehl hat sie auf das
Schlachtfeld geführt.

Tausende junger Soldaten hat man
belogen und verführt.

Viele werden die Fronten nicht lebend
verlassen.

Doch korrupte Verbrecher sitzen zu
Hause und prassen.

Sucht den Verhandlungsfrieden! Werft
die Waffen weg.

Erkennt, bevor es zu spät ist:
das Morden hat keinen Zweck.

Sonst wird schon bald euer zerfetztes
Fleisch verwesen.

Wer soll denn an dem eklig süßen
Geruch genesen?

Seid ihr Manns genug oder wollt ihr im
Totentanz verenden?

Es liegt an euch allein, die Schlächterei
sofort zu beenden.

Dampfschwätzer

Die Hitze ist heute kaum noch zu
ertragen.

Man kann sich nicht aus dem Schatten
wagen.

Seit Wochen haben wir uns nach der
Sonne gesehnt.

Und uns nur über heiße Sommer
ausgiebig erzählt.

Wir haben sie genossen in den
vergangenen Jahren

Und wollten nicht mehr in südliche
Länder fahren.

Dachten wir nicht das wäre schon die
Klimawende?

Und damit kämen die gewohnten
Regentage zu Ende.

Doch das war Wunschdenken oder naive
Ideologie.

So ganz genau kennt man den
Unterschied aber nie.

Wir werden mit manipulierten
Meldungen desorientiert.

Unsere Kritikfähigkeit hierbei meist
nachhaltig verliert.

Magier der baren Unvernunft verführen
die Massen.

Sie können Ihr törichtes Geschwätz
einfach nicht lassen.

Sollte man sie deswegen von Herzen
abgrundtief hassen?

Auch wenn ihre Fehldeutungen schnell
wieder verblassen?

Verblendung
- Gaza 2024

Wie kann man bei wachem Verstand den
Tod von zwei Millionen Menschen
propagieren?

Muss man sich nicht mehr für absurde
Fantasien über Vernichtungsorgien
genieren?

Niemals darf der blanke Hass politische
Entscheidungen dominieren.

Jeder Politiker muss seine Äußerungen
im Lichte ethischer Verantwortung
kalkulieren.

Humanes Handeln gebietet, rote Linien
zu ziehen.

Niemals werden Verbrechen und
Schurkerei verziehen.

Doch wer aus blinder Wut sich blutig
rächt,

Häufig sich und die Seinen in Zukunft
schwächt.

Niemals macht die Befriedigung dunkler
Gelüste die wunde Seele frei.

Nein, sie reißt sie mit erneuerten
Schmerzen entzwei.

Mit humanen Methoden kann man alle
Ziele erreichen.

Man muss nicht um den heißen Brei
gierig herumschleichen.

Über Vertrauensbildung stellt sich der
ersehnte Frieden ein.

Unterdrückung und Blutvergießen sind
immer gemein.

Man sollte allen Politikern diese
Botschaft ins Stammbuch schreiben,

Damit sie aus Verblendung nicht maßlos
übertreiben.

Die leidige Steuererklärung

Die Steuererklärung hasse ich sehr.

Sie abzugeben, fällt mir schwer.

Die Erbsen- und Linsenzählerei

Geht immer zäh an mir vorbei.

Die Langeweile bricht sich ihre Bahn.

Mit Kleinklein ist leider viel Zeit vertan.

Wo bleibt die gepriesene Steuer-
gerechtigkeit?

Wer sich nicht auskennt, erfährt manch
Leid.

Schlupflöcher sind offensichtlich bares
Geld.

Gibt es Gerechtigkeit im Dickicht der
Steuerwelt?

Warum lichtet man den
Paragraphendschungel nicht?

Nur dieses Vorgehen Billigkeit und
Fairness verspricht.

Der Steuerbürger sollte sich endlich
wehren.

Man muss die Paragraphenritter
bekehren.

Darum denkt daran bei der nächsten
Wahl,

Wer euch Jahr für Jahr beschert
unnötige Qual.

Der effektive Klimaschutz

Wenn die Hitze die Aktivitäten lähmt,

Ist mancher gerade deswegen vergrämt.

Muss er sich aber vielleicht schämen,

Weil er zu faul ist, etwas zu
unternehmen?

Bist du bereit, gegen den
Treibhauseffekt zu investieren

Oder willst du eher geizig gehören zu
den Verlierern?

Du gibst dein Geld aus für Fotovoltaik
und Wärmepumpen

Und lässt dich dabei schließlich
keineswegs lumpen.

Doch dann erfährst du Dinge, die dir gar
nicht gefallen.

Sie waren schon recht lange in den
Mündern von allen.

Es handelt sich um den messbaren,
ökologischen Fußabdruck.

Durch das ganze Land geht jetzt ein
neuer, innovativer Ruck.

Wir müssen technisch in allen
Richtungen offenbleiben,

Dürfen nicht wegen ideologischer
Überzeugungen kneifen.

Alles ist richtig und wichtig, was den
Klimazielen dient.

Alles ist grundlegend falsch, was
flexibles Denken vermint.

Der demokratische Kern

Man regiert derzeit an den Problemen
vorbei.

Trotzdem erhebt sich kein wütendes
Geschrei.

Duckmäuserisch verhalten sich die
Massen.

Warum nur? Man kann es kaum mehr
fassen.

Selbstquälerisch reißt man alte Wunden
auf

Und setzt häufig noch eine Belastung
drauf.

Wer aber kann genüsslich davon
profitieren,

Wenn Gutmenschen sich und andere
malträtieren?

Wer aber Gutmensch ist, bestimmt die
Ideologie.

Man gibt sich exklusiv wie sonst wohl
noch nie!

So aber hält man die Gesellschaft nicht
zusammen.

Weiße Zwerge am Sternenhimmel
schließlich prangen.

Freiheit bedeutet, Freiheit in Wort und
Gedanke zu schenken.

So allein kann man an Einigkeit und
Recht für alle denken.

Niemals sollte man dem Mitbürger
drohen und ihn ausgrenzen.

Welcher demokratische Politiker könnte
jemals damit glänzen?

Demokratische Legitimierung, keine Polarisierung!

Welche Politik führt zu bedeutendem Wohlstandsverlust?

Falsche Energie- und Migrationspolitik erzeugen Megafrust.

Will man die Massen bewusst gegen sich aufbringen?

Welche absurden Ziele will man den Bürgern aufzwingen?

Am Ende nimmt unsere Demokratie schweren Schaden.

Der Glaube an eine gute Zukunft geht schließlich „baden".

Als kritischer Demokratieschützer macht man sich Sorgen.

Viele Schäden zeigen sich nicht heute, sondern erst morgen.

Eine Politik des gesellschaftlichen
Zusammenhalts muss her.

Warum fällt diese Einsicht bestimmten
Politikern so schwer?

Wer die gutwilligen Menschen weiter
gezielt polarisiert,

Bald jeden demokratisch legitimierten
Zuspruch verliert.

Kann es denn sein, dass man Fehler
nicht erkennt,

Weil man sich in ideologische
Überzeugungen verrennt?

Die freiheitlich-demokratische
Grundordnung soll für immer bestehen.

Dafür genieren wir uns nicht, kniefällig
göttlichen Beistand zu erflehen.

Vor dem Krieg?

Ein neuer Krieg steht unmittelbar bevor.

Schlachtenlärm dringt schrill an mein
Ohr.

Sollen denn Tausende zugrunde gehen,

Damit irgendwo blutige Siegesfahnen
wehen?

Warum tritt man die Wahrheit mit
Füßen?

Sollen wieder Unschuldige dafür büßen?

Die Lösung vitaler Probleme wird
verschleppt.

Hofft man, dass die Krise von allein
abebbt?

Unrecht immer neues, hasserfülltes Leid
erzeugt.

Vor Lüge und Gewalt sich niemand
jemals verbeugt.

Nur Gerechtigkeit schafft den ersehnten
Frieden

Auf dieser viel geschundenen Erde
hienieden.

Doch wer durchschaut schon die
dreisten Lügen,

Mit denen man versucht, die Menschen
zu betrügen?

Verflucht sei, wer die Völker in neue
Kriege hetzt,

Weil er elementares Menschenrecht
zynisch verletzt.

Die Divinisierung

Ist nicht die Wahrheit das wichtigste
Gut?

Wer sie unterdrückt, erzeugt Hass und
Wut.

Wer ihr nicht mit aller Kraft immer
dienen will,

Der bleibe in seinem Kämmerlein ganz
still.

Nur die reine Wahrheit verleiht uns
Seelengröße.

Dreiste Lügen führen zur verachteten
Blöße.

Niemals wird das Ziel die Mittel heiligen.

Niemals darf man sich am Betrug
beteiligen.

Ethisches Verhalten fällt gar manchen
schwer.

Doch Fairness stärkt Geist und Seele
sehr.

Ist nicht das ruhige und ausgeglichene
Gewissen

Für jeden schließlich ein sanftes
Ruhekissen?

Wahrheit und Gewissen sind wie
Zwillingsbrüder.

Gerne singen wir auf sie unsere heißen
Loblieder.

Sie können nur zusammen gedeihlich
kooperieren.

Die Gesellschaft sollte sie unbedingt
divinisieren.

Lohn der Tyrannei

- Ein schwieriges Rätsel

Wer ist wohl gemeint?

Freiheit und Wohlstand sind bedroht.

Vor den Türen lauert jetzt große Not.

Das Haus Europa lichterloh brennt.

Auch der Optimist dies nicht verkennt.

Kommen wir aus den Kriegen heraus?

Oder machen sie uns alle bald den
Garaus?

Einige Tyrannen wollen die Welt in
Brand setzen,

Freiheit, Menschenrecht und
Gerechtigkeit verletzen.

Haben sie denn jedes Maß, ja, ihren
Verstand verloren?

Ach, wären diese Schurken doch
niemals geboren!

Können einsichtige Menschen sie noch
beraten?

Nein! Tyrannen werden irgendwann in
der Hölle braten.

Jeder Diktator wird bluten und
schrecklich büßen.

Nie wird er seine letzten Tage
harmonisch genießen.

Seine Verbrechen werden ihn wie gierige
Wölfe jagen.

Aus ist sein Spiel. Ihm bleibt nur zu
jammern und zu klagen.

Vor und nach Solingen

Messerstechereien auf öffentlichen
Plätzen alle Tage

Werden vielen zur wahren,
unerträglichen Plage.

Menschen trauen sich kaum mehr aus
dem Haus.

Mit den Sommerfreuden im Freien ist es
vorläufig aus.

Hat die Flüchtlingsintegration fast
vollständig versagt?

Die irreguläre Migration wird von der
Mehrheit beklagt.

Die Länder und die Kommunen sind
längst überfordert.

Unschuldige Menschen werden bei
Volksfesten ermordet.

Doch manche Politiker greifen die
heißen Eisen nur zögerlich an.

Mit welchen Maßnahmen macht man
sich an die Lösung der Probleme heran?

Woher kommt die spürbare,
unerträgliche Hilflosigkeit?

Ist sie ein Ausdruck jahrzehntelanger,
naiver Sorglosigkeit?

Spürt man denn nicht die wachsende,
explosive Wut?

Sie tut dem Zusammenhalt der
Gesellschaft nicht gut.

Diese Entwicklung bedeutet Gefahr für
die Demokratie.

Man überstrapaziert sie und höhlt sie
aus wie noch nie.

Longing for freedom

For freedom we've got to fight

If need be with all our might.

Nothing will stop us now.

We took that sacred vow.

Freedom is our sole aim.

For it we'll play our game.

Come whatever may.

We yearn for this glorious day.

We're willing to pay our price.

We'll never submit to lies.

Our enemies may be strong.

But we'll defeat them before long.

Let the sweet bells of freedom ring.

We'll stand up for freedom and sing

That our souls will rise to heaven above

To be united in eternal freedom and true love.

****

Weitere Bücher des Autors:

Romane:

- **Der Skorpion, der aus Tunesien kam**

  Verlag TWENTYSIX,
  Norderstedt, 2021
  ISBN   9783740772109
  e-book: ISBN 9783740722067

- **Mein Herz für die Freiheit**

  Verlag TWENTYSIX,
  Norderstedt, 2022, 2. Auflage
  ISBN   9783740714482
  e-book: ISBN 9783740723453

- **Keine Lust auf Heldentum**
  Verlag BoD – Books on Demand,
  Norderstedt, 2024,
  1. Auflage
  ISBN   9783758322846
  e-book: ISBN 9783758396168

Gedichte:

- **Schreie des Fasans**
  Verlag BoD – Books on Demand,
  Norderstedt, 2021,
  1. Auflage
  ISBN   9783754348604
  e-book: ISBN 9783755717744

- **Der nicht begnadigte Truthahn**
  Verlag BoD - Books on Demand,
  Norderstedt, 2022,
  1. Auflage
  ISBN   9783755732686
  e-book: ISBN 9783756251360

- **Der gierige Würger**
  Verlag BoD –Books on Demand,
  Norderstedt, 2022,
  1. Auflage
  ISBN   9783756212101
  e-book: ISBN 9783756268160

- **Frei wie ein Vogel**
  Verlag BoD – Books on Demand,
  Norderstedt,2022,
  1. Auflage
  ISBN   9783756800117
  e-book: ISBN 9783756823109

- **Disteln und Misteln**
  Verlag BoD – Books on Demand,
  Norderstedt, 2022,
  1. Auflage
  ISBN   9783756828852
  e-book: ISBN 9783756898701

- **Der hygienische Geier**
  Verlag BoD – Books on Demand,
  Norderstedt, 2023,
  1. Auflage
  ISBN   9783734754401
  e-book: ISBN 9783757869335

- **Die ungenierte Nilgans**
  Verlag BoD – Books on Demand,
  Norderstedt, 2023,
  1. Auflage
  ISBN   978375830607
  e-book: ISBN 9783758356339

- **Die dreiste Möwe**
  Verlag BoD – Books on Demand,
  Norderstedt, 2024, 1. Auflage
  ISBN   9783758372254
  e-book:
  ISBN 9783758350023

- **Im Mahlstrom der Emotionen**
  Verlag BoD – Books on Demand,
  Norderstedt, 2024, 1. Auflage
  ISBN
  e-book:
  ISBN

- **Nordsee-Impressionen**
  Betzen, Kornelia,
  Kulesza-Betzen, Donald

  Verlag BoD - Books on Demand,
  Norderstedt, 2022,
  1. Auflage
  ISBN   9783756224647

https://portal.dnb.de/opac/simple
Search?query=Donald+Kulesza-
Betzen